# 德者得也

李迎春　著

中国旅游出版社

项目策划：王　颖
责任编辑：吴慧慧
封面设计：黄　政
封面书法：魏向阳
内文设计：红方众文
责任印制：闫立中

成都文学艺术界联合会　　策划
成都散花文化传播有限公司　出品

图书在版编目（CIP）数据

德者得也 / 李迎春著 . -- 北京 : 中国旅游出版社，2015.12

ISBN 978-7-5032-4524-4

Ⅰ . ①德… Ⅱ . ①李… Ⅲ . ①品德教育 – 中国 – 通俗读物 Ⅳ . ① D648-49

中国版本图书馆 CIP 数据核字 (2015) 第 251936 号

书　　名：德者得也

著　　作：李迎春
出版发行：中国旅游出版社
（北京建国门内大街甲 9 号　邮编：100005）
http://www.cttp.net.cn　E-mail:cttp@cnta.gov.cn
营销中心电话 010-85166503
经　　销：全国各地新华书店
排　　版：北京红方众文科技咨询有限公司
印　　刷：北京翔利印刷有限公司
版　　次：2015 年 12 月第 1 版　2015 年 12 月第 1 次印刷
开　　本：145 毫米 ×210 毫米
印　　张：6.625
字　　数：90 千字
印　　数：1~5000 册
定　　价：39.80 元

I S B N：978-7-5032-4524-4

# 目录

孝 悌 忠 信 礼 义 廉 耻

# 中国的本意

中国文化虽屡遭挫折，但几千年来一直传承未断，有个非常重要的原因是中国的汉字。古人说，文以载道，此言不虚。中国的文字包含着丰富的文化信息，中国文化的本意、底色以及诸多秘密都隐藏其中。以“中国”的“中”字为例，“中”有中心之意，在地球这样一个球体上，任何一点都可以称中心，为何中国偏偏占了一个中心位置呢？这与中国文化的高度和隐意息息相关。

儒家经典《中庸》第一段中的“喜怒哀乐未发谓之中”是对“中”形象而精当的表述。人的喜怒哀乐这些情还没有发出来的状态就是“中”。喜怒哀乐藏于平静之中，尚未发出，内在具足一切但还未生发。这正是中国文化所说的道，道含藏万物，生发万物，道含而未发的状态便是“中”。所以《中庸》说:“中也者,天下之大本”。“中”是天下的大根本,代表本体,是至高的存在,一切的本源。

哲学意义上,中国的本意是“本体之国”“本源之国”,也可以说是“道之国”。由此,中国文化确立了自己与“道”平齐的至高纬度。由于对道德文明的极高推崇，并以此命名自己的国度，中国人养成了对道德修养极端重视的传统。

正因为此，中国人区分人的方式与全世界很多地方都不同。很多地方以民族、种族、国家、宗教信仰、贫富差距、阶层差异区分人。但了解中国文化的人知道，真正的中国人是以文明和野蛮区分人的。文明人是中国人，野蛮人不是中国人。

在西周时期，王城是天子所在地，王城外围是诸侯国，称之为诸夏，诸侯国再往外是夷狄蛮戎，东、西、南、北四个方向野蛮未开化的人，谓之四海。如果天子有道，王城即为中国，如果道德的文明之光扩展到诸夏，那么诸夏范围内是中国。如果再扩展到四海，实现四海一家，那四海范围内都是中国。反之，如果道德文明不断缩小，乃至王城的文明之火也熄灭了，那么文化意义上的中国就亡了。

可见，从本意上讲，哪里有文明之光，哪里就是中国，文明人才能称得上中国人。

由于对文明和文化的推崇，使中国人内在具有了极强的好学精神，谁更加文明和先进，我们就向谁学习，因为在我们的传统根源上，向往文明就是向往中国。

回顾历史，不难发现，2000 多年来代表中国文化的中原文明，不论是被迫还是主动，一直在不断学习和吸收着外来文明。古代主要是各种外族的文明，进入近现代主要是西方文明。有趣的是，这些外来文明从来都没有替代中国文明，而是融合了中国文明，成为其中的一个组成部分。这说明，中国文明本身的高深和博大，使其具有不丢失自我又能吸纳整合不同文明的强大能力。与此形成对比的是，其他很多古老的文明，因为外来文明的入侵或融合，纷纷湮灭在人类的历史长河之中。

## ◎ 人与万物的不同在于德性

中国文化的内里是道德传统，“孝悌忠信，礼义廉耻”

被称为传统八德。这八个字是老生常谈，但有多少人知道每个字的真正含义和对人生处世的重要性呢？为什么这简单的八个字，中国人反复谈了上千年至今仍不罢休？这其中是不是有一些值得静下心来仔细揣摩的地方？

道德不简单是很多人理解的个人修养和自律，而是具有更为深广的意义。道德是万事万物的来源，是万事万物之所以各自成其为自己的原因和内在依据。可以说，我们这个有形世界建立于道德的根基之上。诋毁道德、无视道德、违背道德，不简单是个修养自律的问题，而是在诋毁、无视和攻击整个人类和万物赖以存在的基础和家园。

道在中国文化中处于最高位格，符号上以 0 表示，是个空无一物又无所不包的圆，文字上的表述是“中”字中间的那个口（0 的字形化）。道空无一物又无所不包，常人很难理解，所以《道德经》中说，道可道，非常道。道没法用语言说，可以说的就不是道。它玄之又玄，即空又有，既有又空，超越了常人所理解的矛盾对立的层面。同时，由于道是一切的本源，任何对道的描述本身也内含于道之中，所以任何对道的描述都只是道的一个方面或一个片段，而道是整全的，可道之道只能是道的一部分，而不是整个道，所以道不可道，可道非道也。我们只能暂且简单理解为道是创生万事万物的根源。

德者，得也，是人与万物从道那里得到的使其成为自己的秉性,在文字上,是“中”字的那一个“丨”。《道德经》中,“道生一、一生二、二生三、三生万物”。“道生一”即是道生德，道为0，德为1。“中”这一个字恰好综述了道德。德生出纯阴纯阳，阴阳即是二；阴阳相交，产生阴阳相杂之物，纯阴纯阳再加上阴阳相杂，即是三。这个三生发了万物。

人作为万物灵长，从天道那里获得的德性丰富而整全。这些德性总称为“仁义礼智信”。阴阳属性中，仁属于少阳，在东方，阳气刚刚生发，富有生机，中国文化重视仁，是生生不已的文化。义要做是非了断，要有一定杀气，但不能太重，否则就过了，所以属于少阴。西方文化偏于义。礼属于太阳，在南方，智属于太阴，在北方。信贯穿于以上四德。

进一步细化“仁义礼智信”,便延伸出了“孝悌忠信，礼义廉耻”这些更为详尽的传统八德。孝悌属于仁德范畴；信属信德，忠和义属于义德；礼属于礼德，廉耻属于智德。这些德是老天赋予人的本质属性。

## ◎ 德的缺失是社会呈现病态的根源

从内在联系上，道是人与万物的本源；德是人与万物从道中所得的本性;仁是爱之德，代表生发、包容，像父母对子女，仁爱包容一切。仁德的问题在于没有选练和区分，所以需要义来区分善恶好坏，并进行决断处罚，留下善的，去掉恶的；但掌握了生杀予夺行“义”的权力，必须有规矩限制，否则绝对的权力会导致绝对的腐败，所以需要有“礼”，有规矩，讲法治。但规矩的问题在于容易僵化，万事万物随时都在变化，所以需要变通来中和规矩的僵化，这种变通的智慧就是“智”。智保持了规矩的灵活性和当下的适应性。但智的问题在于机巧，利用智很容易巧取豪夺、坑蒙拐骗，所以智需要“信”来兜底。有了信用兜底,智才能是正智，才能为社会贡献正能量，没有信的智非常危险，破坏力巨大。当下社会食品安全、环境污染、安全事故很大程度上都是没有信的智在私欲怂恿下的结果。诚信不仅是市场经济的基础，还是整个社会存在和运行的基础。

健康的人类社会一定是建立于信德的基础之上。信德崩塌，人类社会无异于野兽的丛林，所谓的智便是狡诈，所谓的义便是私利，所谓的礼便是虚伪，所谓的仁便是假仁，没有信德的人类社会甚至会比野兽的丛林更为可怕。

道德仁义礼智信不是说教，而是我们这个社会环环相扣的必需：对贫苦人的救济、社会慈善、医疗养老等社会福利保障领域属于仁的范畴；主持社会正义、维护公序良俗、行政立法司法机关的设立和运行等社会治理领域属于义和礼的范畴；社会创新、商业领域的新模式新思路、科技进步、生产力的提升等社会发展领域属于智的范畴；政府公信力、商家信誉、个人诚信等确保社会健康运转的底层机制属于信的范畴。

仁义礼智信包含了社会的方方面面，这些方方面面要得到和谐有序发展，都需要回归和遵从基本德行，如果这些基本德行丢失了、扭曲了，由此生发出的社会分支会病态百出，问题不断。

比如，对贫苦人的救济和慈善，它发端于人类内心对弱者和幼小者的爱，像父母爱子女一样，是天然的，看见其他和自己孩子一样的小孩受苦，父母于心不忍，伸出援手，这是仁爱之心的自然流出。这种慈善，正向、伟大、充满光辉，因为它保持着纯正的仁爱之德。慈善一旦远离了仁爱的初心，一定会扭曲变形，行善变为伪善，假慈善之名得个人名利，甚至假慈善之名作恶犯罪。

“正义啊正义，多少人假汝之名行不义之事。”不能行义，必然行不义，行不义是对正义的亵渎，再以正义之名掩饰不义，是对正义的再次亵渎。所以，如果我们不能保证底层的道德初心，外在对道德的违背和亵渎就会变本加厉。

德行是社会的源头净水，是社会这棵大树根部的营养剂，其丰厚，社会分支会枝繁叶茂生机勃勃；其枯萎，社会分支会虚假繁荣、扭曲变态。

## ◎ 中国人的治国方略

法治的背后是道德，法治的根基是道德。法治所体现的一切价值，比如公平、正义、秩序、对善良的保护、对罪恶的惩罚等，都源于道德法则和要求。可以说，德是里，法是表。

所以，古时中国的为政者，为政第一原则是德：“为政以德，譬如北辰，居其所而众星拱之。”以德为政，就像北辰。星辰中的星是天上的星，辰是星星背后的黑暗夜幕。古时的人观察到北斗七星范围内的一处深邃的黑暗（北辰），是整个天空的中心，所有的星星都围绕着它旋转。如果在山区晴朗的夜空，你仰望星空，会发现随着时间流逝，北斗七星一直在围绕着一点旋转身姿，那一点就是北辰。以德为政，像天上的北辰，在那至高至深的位置上，所有的星星都拱卫围绕着你。

反观现实，一个真正的有德政府、有德官员，百姓一定会围绕在他身边，尊重他，拥护他。一个好的政府、好的官员，除敬畏法律外，道德勇气是必需又最可贵的品质。

为政者提高自己的德行，是在为社会的根基注入丰厚而纯净的养分，社会会因此健康繁荣自由地发展，就像星空有序而灿烂地绕着北辰旋转。这是为政的第一原则，也是一个国家政治健康长治久安的不二法门。

中国传统的治国之道，在于德礼政刑，法治包含在其中。德与礼是上策，劝善的治；政与刑是下策，是惩恶的治。《孔子家语》中，孔子说：“圣人治化，必以行政相参焉。太上以德教民，而以礼齐之。其次以政导民，而以刑禁止。化之弗变，导之弗从，伤义以败俗，于是乎用刑矣。”

《论语》中也有类似表述。子曰：“道之以政，齐之以刑，民免而无耻；道之以德，齐之以礼，有耻且格。”这里的道是导的意思。孔子说，用政令和刑法治理国家，百姓可以不犯事，但没有耻感。大家不是觉得犯事不好，而是因为害怕惩罚而不敢犯事。如果以德和礼的方式治理国家，百姓不仅有耻感，而且会自觉恪守（格）不犯事。

一个自觉，一个害怕；一个有道德感，一个没有道德感。不同治理方式塑造的民众大不一样，其内在的修养状态和外在的文明程度都不同。中国讲德治，并不是否定法治，而是说，两种治理有层次上的差别。行政法令强调外在强制，是术的层面；德和礼强调内在自觉，是道的层面。道术虽需并用，终要以道为尊，道才能让善人越来越多。教育和为政其实都是劝善，要劝善，要有术，但不能流于术，更重要的是要有道和德。

现代法治建立的过程中，有一个细节不容忽视。法学家们一直在强调“若无对法治的信仰，法律将形同虚设”。法治与信仰挂钩，其背后的隐意是法律要和道德挂钩。

道德才属于信仰范畴。中国人信道修道，是把道这个哲学上人与万物的来源，看成是人类的终极归宿。对终极的渴望才能称得上真正的信仰。如果法治不具有信仰的价值维度，它便只是工具性的、阶段性的和从属性的。如果法治仅在这几个层面，会有多少人真把它当回事呢？法学家们很快意识到这一问题——要把法治提升到道德信仰那样的价值高度，法治才能树立权威。所以，他们提出要把法治变成一种信仰，以弥补法治本身属于术层面的缺陷。可见，没有道德的支撑，法治的建立和健康运行是不可想象的，法治正是以道德捍卫者的角色出现才从根基处找到了自身权威的立足点。

中国传统文化中，以德礼之治为上治，以刑政（法）之治为下治，对此做了明确区分。如何在法治中把握运用上治与下治的分寸，对当下是具有启示意义的。

## ◎ 传统八德：前四立基，后四立柱

传统八德分为孝悌忠信、礼义廉耻。在内在关系上，孝悌忠信前四德是为国家社会立基，后四德则是撑起国家社会的柱子。具体而言，孝悌是仁爱之德的根基，滋养人与人之间的关系这棵大树；忠是敬业的根基，滋养人做事这个大树；信贯穿于各种德性之中，是众德之基。礼义廉耻则是“国之四维”，国家的四根柱子。有地基，有柱子，国家、社会、文明这些大厦才得以建立。

“礼义廉耻，国之四维”出自《管子.牧民》。管仲是春秋时期齐国的政治家，他帮助齐桓公“九合诸侯，一匡天下”,成就霸业。中国政治历史上,管仲地位极高。《汉书.古今人表》把汉朝以前的人物分上中下三等，上中下又分三等，分别是上上、上中、上下，中上、中中、中下，下上、下中、下下。上等人包括上上圣人、上中仁人、上下智人。圣人地位最高，其次是仁人，再次是智人。自古以来，上上圣人只有 10 多个，除上古的三皇五帝，夏禹、商汤和周文王、周武王等开国天子外，只有周公、孔子等极少数人入列。进入春秋之后，只有孔子一人入圣。管仲生于公元前 719，孔子生于公元前 551 年，管仲比孔子早了 160 多年，在他所处的时代，管仲是唯一一位上上仁人，其功业才能前后百年无人能敌。而他的功业才能又主要表现在政治治国等方面。

管仲还是个有很多故事的政治家，提到管仲不能不提鲍叔牙和齐桓公二人。

管仲少时经常与鲍叔牙游玩，相当于发小，管仲经常欺负鲍叔牙。鲍叔牙也不介意，因为深知管仲有雄才大略，反而总是帮助他。管仲穷，鲍叔牙出钱和他合伙做生意，中途，管仲拿赚的钱私用，鲍叔牙不以为意，分红时还多分管仲红利。有人很看不过去，鲍叔牙却说，这是因为管仲家穷，要养家中老人。

后来管仲当兵上战场，冲锋时管仲不积极，撤退时却比谁都跑得快，有三次败亡逃走。领兵要拿管仲开刀，整顿军纪，又是鲍叔牙为管仲求情，说他这样是因为家有老母，他不能不想办法活着。总之，管仲在众人眼里的过失和缺陷，鲍叔牙都认为情有可原。这也是鲍叔牙的慧眼所在，众人看到的是管仲的毛病，鲍叔牙关注的却是他真正的抱负。

后来，齐国内乱，齐襄公被杀，齐襄王有两个弟弟，一个叫纠，一个叫小白，小白即后来的齐桓公。两人都是可能的继承人，但都在外地，谁先赶回去谁就更有可能继承君位。当时，鲍叔牙为小白做事，管仲则辅佐纠。纠在鲁国，鲁国派兵护送纠回齐国，同时纠派管仲带兵拦截小白。管仲搭箭射中小白的带钩。小白假装被射中而死。管仲派人回报鲁国。鲁国以为小白死了，送纠的速度就很慢。小白骗过管仲，很快回到了国都，并且还有内应，继承了君位，即为齐桓公。随即齐桓公发兵与鲁交战，打败鲁军后，给鲁国留了一封信。大意是，纠是我的兄弟，我不忍心杀他，就不用送回来了，请鲁国帮我杀了吧，但忽召（纠的辅臣）和管仲是我的仇人，一定要给我送回来，我要把他们剁成肉酱。鲁国惧怕齐国，只得杀了纠，忽召不愿受辱，自杀身亡，管仲甘愿被囚,被送了回来。而这封信其实是鲍叔牙运作的结果。齐桓公发兵攻鲁确有杀管仲报一箭之仇的心，但鲍叔牙劝他说，你要治理齐国有我和另外一个贤臣就足够了，但要完成王道霸业，非得到管仲的辅佐不可。管仲在哪个国家，哪个国家就可能成为重要的大国，不能失去管仲啊。正是鲍叔牙的这番话，齐桓公才写了那封信，名义上是报仇，其实是要获取人才。管仲由此，由死囚变为了桓公的宰相。

《史记》中，对管饱之间记载的非常简练，其中管仲的自语把对鲍叔牙的知己之情和感恩之意说的最为动情。管仲曰："吾始困时，尝与鲍叔贾（一起做生意），分财利多自与，鲍叔不以我为贪，知我贫也。吾尝为鲍叔谋事而更穷困，鲍叔不以我为愚，知时有利不利也。

吾尝三仕三见逐于君，鲍叔不以我为不肖，知我不遭时也。吾尝三战三走（逃跑），鲍叔不以我为怯，知我有老母也。公子纠败，召忽死之，吾幽囚受辱，鲍叔不以我为无耻，知我不羞小节而耻功名不显于天下也。生我者父母，知我者鲍子也。”

齐桓公和管仲也是一对非常有意思的君臣。一次，桓公对管仲说，寡人有三个毛病，一是好打猎，好玩；二是好酒，日夜豪饮；三是有污行，好色。桓公不装模作样，对臣子很坦诚。管仲说，这些毛病的确很可恶，但不是重点。身为人君，只有不爱（臣民）与不敏（事），才是最糟糕不可取的。不爱则众人离散，不敏则做不成事。管仲的这些治国思想都留在了《管子》一书中。《管子》是中国古代最重要的一部政治经济学著作。其中包含了诸多治国行政的原则和名言警句。比如“政之所兴，在顺民心。政之所废，在逆民心。”“仓廪实而知礼节，衣食足而知荣辱”等等。

管仲辅佐齐桓公成就霸业后，对齐桓公说：“臣贵矣，然而臣贫。”我已是权贵了，但我还很穷。齐桓公三次赐给他田宅。但管仲不满足，说我现在富了，但地位还不高。齐桓公让他立于高、国之上。春秋时，齐国的高氏和国氏两家世袭上卿，地位尊贵，而且是辅佐齐桓公继位的功臣。齐桓公让平民出身的管仲位于这两大世卿家族之上，可谓尊极人臣了。管仲还不满足，说："臣尊矣，然而臣疏。"我很尊贵了，但我和你却疏远了。齐桓公对管仲"有求必应"，拜他为仲父。古时，老大老二老三老四分别称"伯仲叔季"，仲父相当于第二父亲。你看这对君臣，虽雄才大略，文治武功，但各自都是人，有一堆的毛病。也正是有了这些毛病，历史才显得鲜活和真实。但从德性上，管仲还是有很多需要完善的地方，这也是他"居仁"而不能"成圣"的原因。所以，圣人孔子对管仲的这些行为"闻而非之"，曰："泰侈逼上。"不过，管仲的泰奢在当时还都是合法获得的，并不是靠违法乱纪贪污腐败而来。

历史人物总需一分为二看。管仲泰奢并不影响他治国的思想和成就。管仲帮助齐桓公取信诸侯成就霸业，司马迁给予了非常高的评价，赞扬管仲懂得为政之要："知与之为取，政之宝也。"为政真正的法宝是给予，给予百姓的越多，为政者的地位就会越高越稳固，国家才能越兴旺。索取则反之。为政者要想汲取传统治国智慧，非常有必要细心研究和品位《管子》一书。世易时移，虽然具体做法会有不同，但治国的基本原则和原理却是相通的。

“牧民”是《管子》的第一篇，古人写书尤重开端。一篇的第一句，一本书的第一篇往往提纲挈领，最为重要。牧民篇写道：“国有四维，一维绝则倾，二维绝则危，三维绝则覆，四维绝则灭。倾可正也，危可安也，覆可起也，灭不可复错也。何谓四维？一曰礼、二曰义、三曰廉、四曰耻。礼不踰节，义不自进。廉不蔽恶，耻不从枉。故不踰节，则上位安；不自进，则民无巧轴；不蔽恶，则行自全；不从枉，则邪事不生。”

这是礼义廉耻的出处，在管仲看来，礼义廉耻是四根撑起国家的柱子，四维不张，国乃灭亡。四维出了问题，国家轻则倾危，重则覆亡。

由于管仲的推崇，培育国民的礼义廉耻成为后世历朝历代都很重视的治国思想。五代时期，有个非常著名的宰相叫冯道。他早年曾效力于燕王刘守光，历仕后唐、后晋、后汉、后周四朝，先后效力十位皇帝，被称为五朝宰相。历史上，他恐怕是效忠朝廷和皇帝最多的宰相。后世很多人批评他不忠，但在那个城头变幻大王旗的乱世，朝代更迭，冯道周旋于走马灯似的皇帝之间，任用贤良，爱护民众，也说明了他的勇气和智慧。

历任10任皇帝而不倒，这样的政治经历让冯道对治国安邦有非常深刻的认识。他曾感叹："'礼、义、廉、耻，国之四维；四维不张，国乃灭亡。'善乎管生之能言也！礼、义，治人之大法；廉、耻，立人之大节。盖不廉则无所不取，不耻则无所不为。人而如此，则祸败乱亡，亦无所不至。况为大臣而无所不取，无所不为，则天下其有不乱，国家其有不亡者乎？"

冯道的感叹无疑是一个老"政治家"呕心沥血的切身体会。凡真正立志从政者，在深层次上无不会体会到"治国需正人、正人先正心"的道理。所以治国者，都要先正人心、正风气，风气正则一切随之而变化。所谓风化就是这个意思。风气正一切随之正，风气歪一切随之歪。礼义廉耻正是正人正风的内在需要。其中，冯道特别看重廉耻，认为如果人没有廉耻，啥利益都贪，啥事都会干得出来，国家会祸乱败亡。更为糟糕的是，如果政府官员没有廉耻，贪污腐化无所不为，那国家就没有不乱、不亡的。在冯道眼中，礼义廉耻对每个人都很重要，但对大臣官员更为重要，所以后世廉洁一德的对象主要指向了官员阶层。

## ◎ 由德而道，人生提升的终极路径

为政要以德，为人同样要以德。德行也是我们每个人之所以为人的必需。如果一个人失去德行，没有仁爱、没有正义感、没有规矩、没有智慧、没有信用，可以想象他的人生将会多么暗淡与悲惨，他的行为将会给多少人带来灾难。如果一个人具备这些德行，充满仁爱、正义、礼教、智慧和信用，他的人生将会多么光明与幸福，他的行为将会给多少人带来感动与力量。

德行是天道赋予人的，每个人天生就有。之所以很多人“缺德”，不是它没有这个德行，而是这些天生的德行被各种欲念和恶行遮蔽了，或者被环境扭曲了。仁爱之心人皆有之，一个十恶不赦的罪犯，也有爱人的基因。对于道德，我们每个人都本自具足，在内在本有的德行上，人只有深厚多少程度上的不同，没有高低贵贱之分，每个人都有提升自身德行的潜质，提升德行对每个人都是可能的，也是必需的。重要的是我们如何使自己的德行之光明亮起来。

世界上，每个文明体系之所以自称文明，都与有自己的核心经典有关。西方有《圣经》,阿拉伯世界有《古兰经》，印度有《吠陀经》以及后来的《奥义书》《薄伽梵歌》等，中国则是《道德经》、四书五经。中国文化的价值都在这些经典中。明白这些经典，才能真正明白中国文化。

现代人之所以难以深入这些经典汲取传统文化的精髓，文字不通是最大难题。所以古人讲，读经须识字，小学（古时称文字学为小学）明则经学明。读懂中国文字，才能读懂中国经典，读懂中国文化的内里。

从文字入手，是理解古人、把握中国文化精髓的最直接、最有效的方法之一。而要从文字入手，首先要回溯到文字的源头，越是源头越接近本质，越是本质越接近真相，也越容易为人清晰地把握。

甲骨文中，德字，左边是一条路（双人旁），右边是一只眼睛笔直向上看。《说文解字》称，“德者，升也”，向上而升，意喻人生通过德而提升。提升到哪里呢？提升到上面的“道”那里。

德是我们从天道那里获得的本性，这个本性包含了仁、义、礼、智、信五种品德，我们回到人的本性，便回到了德，回到德，也就能品味到“道”这个家园的味道了。中国文化中，由德而道是人生提升的终极路径。德道就是得到，人间真正的得到，是由德而道。

后来的“德”字，眼睛演变成了“四”，下面加了一颗心，意思更加丰满，用心才能修德，德是人的心性修为。

世间最难的是悟道，但德行给我们提供了悟道阶梯。因为道德同质，万物的德正是道所内含的品质。如果我们偏离了本性，失去了德，也就远离了道。所以修德有“提升”和“回家”之意。我们每个人要体悟人生的真意，获得身心安宁，提升德行是最好途径。

修养德行除具有悟道和“回家”这些形而上的终极意义外，在具体处世中也是“须臾不可离”，大有用处。德者不仅是道之得，也是人生之得。

## ◎ 世间分为三路人

这个世界，人生向度大抵有三：一是向下之路，不断堕落，比如作恶犯罪之人；二是平行之路，追求名利的积累，官位越来越高，名气越来越大，钱财越来越多，但始终没有跳出名利的圈子；三是向上之路，追求人生境界和生命体验的提升并不断实践着这种提升。

人们常说，人往高处走。但很多人理解的高处，只是权势、财富、名声的提升，其实这不是高处，这只是平行一路。这样的人生如果没有伴随德性的提升，本质上只是重复和积累，并没有人生意义和生命体验上的真正提高。人生真正的往高处走，是以道德为阶梯的高处。

“富润屋，德润身”，钱财只能装饰屋宅，不能润养身心，只有道德才能润养身心，才是我们真正提升人生境界的资粮。

孔子说：“德不孤，必有邻。”一个有德行的人，一定不会孤单，必定有邻居和朋友。如果你仔细观察会发现，一个德行很差的人，他很难有真正的朋友，即便有，别人看重的也不会是他这个人，而是他的权力或财富，他一旦失去权力和财富，所谓的“友情”也就不存在了。所以，基于“名利”的情义，大家无须太当真，因为这种情义随着名利的聚散而聚散，缺乏根基而不可持久。

但一个有德行的人，却会收获很多主动靠近的真诚友谊，这种友谊持久深厚，不论你的财富地位有何变化，都不会褪色，是人生最可宝贵和回味的财富。

## ◎ 道德不是限制人而是给人自由

道德是人生的平安符。人在名利的洪流中，极易迷失堕落，法律不过是一堵墙，挡不住人心的非分之想，但道德却能让人自觉地不生非分之想，不行非分之事。

中国文化强调内重外轻，德是内，名利地位是外。内重之人德厚，外在即便附加整个天下的名利权势，也能稳稳当当，因为内里行得正，坐得端，外在的名利权势不但不会乱惹事，而且可以帮助人行正道，成就更大的事业。相反，如果内轻外重，内无德却名利权势加身，倾覆的危险随时可能发生。此时名利权势非但不是好事，还很可能成为祸端。媒体上天天都有官员、明星、富家子弟身败名裂、身陷囹圄的消息，虽然各有各的情节，但本质上都是内轻外重的结果。

真正体会了道德滋味的人知道，道德绝不是一种强制和压迫，而是一种心悦诚服。某种意义上，一个有道德的人才是自由的。因为道德自觉会让外在的法律规范种种限制显得多余。法律之所以成为限制，是因为有人想触犯它，它才成为限制。

现实中，一个善良的人往往能体会到很大的自由，因为他想做的事都是他人和法律允许与支持的。一个恶的人，才会觉得到处都不自由，因为他想做的事，都是他人和法律所不允许和不支持的。孔子“七十岁从心所欲,不逾矩”,心中所欲皆是道德仁爱,如何放任这一“欲望”，都不会违背法度规矩，这是人生真正自在的境界。

“德”是人生最大的“得”，通过它，我们可以得道、得自由、得事业、得朋友、得平安、得幸福。

## ◎ 人生的本与末

中国传统文化特别注重区分本末。本是“木”字下面加一横，而末是“木”字上面加一横。本是树的根和干，末是树的枝和叶。分清本末才能把握人生的轻重缓急。那么，人生的本末是什么？

《道德经》中，老子问，“身与货孰轻？”人身与财货孰轻孰重？恐怕很多人会说，财货是身外之物，是为身服务的，当然身更重要。身与名利之间，身为本，名利为末。但有多少人识得这个本末呢？现实中，有多少人为了身外之物的名利，不惜折腾糟蹋自己身体。本末倒置终难长久，很多人身体搞垮了，才不得已停下来，为何非要出了事栽了跟头才识得这一简单的道理呢？

再深入一些，身难道就是人生的本吗？如果我们把身视为人生的根本，仅为一具肉体服务的一生又有多大意义？

传统文化中，身只是人的工具，而主宰和指挥这一工具的是我们的“心”，人生一切的成就、喜悦、幸福以及悲欢离合，都是心的感受。

心灵真诚纯净，人间几多美好尽在其中，心灵污秽丑陋，世间无数烦恼不离周遭。如果没有心，我们不过是一具具行尸走肉，没有悲喜没有感动，没有幸福没有意义。所以，身外的财货与身比起来，身是本；身与心比起来，心为本。

心是我们承载德行的地方，德行败坏心会变得污浊，心变得污浊，人生会变得丑陋不堪。心灵纯净人生自然轻盈美好，而污浊的心总让人惶恐不安。

中国古时讲德本财末，有德后有人，有人后有土，有土后有财。现代很多人颠倒本末，重财不重德，财富急剧增加，生命状态却并不好，名利加身，生命却很贫瘠。社会分不清本末，会乱，做人分不清本末，会失去人生的方向和意义，教育分不清本末会误人子弟。无论做什么首先要分清本末。

人是由身心组成的，身体以饭菜为粮食，饭菜能强壮身体，心灵以道德为粮食，道德能丰满和净化心灵。没有饭菜的滋养，身体会枯萎；没有道德滋养心灵也会枯萎。随着心灵的枯萎，我们的真诚、正义感、勇气、担当精神以及所有提升人生正向价值的品质都会随之萎缩，人类社会会因此暗淡无光。有谁想活在这样一个没有真善美只有假恶丑的世界中？有谁希望自己的孩子将来活在这样的世界中？如果不想，我们就需要改变，拿出勇气，从自己做起，涵养人生的根本，涵养我们内心的德行，使其饱满光辉，照亮自己，照亮他人，照亮社会的每一个角落，照亮孩子们未来的路。

## ◎ 中华文明的两大根源

其实天地一直在教育和引导着人。中国文化的内核都来自对天地的理解和效法。人法地、地法天、天法道、道法自然。《易经》被誉为群经之首，中国文明由其流出。更具体一些，中国文化的主干主要来自《易经》中的乾坤两卦。

乾卦代表天,“天行健,君子当自强不息”。日月星辰,天体运行,分毫不差,变动不已,从来不偷懒,是天行健,人效法天,要自强不息,生生不已。这是老天的“健德”,对健德的推崇和效法奠定了中华民族的勤劳本色。

数千年来直到今天,中国人都是世界上最勤奋和最能吃苦耐劳的民族。历史上中国人屡遭大难,但最终都能重新崛起,成为世界范围的富庶之国,勤劳、艰苦卓绝的德行是最大功臣。有去越南开设工厂的中国企业家说,一个中国工人的人工效率是当地工人的 2~3 倍,而当地的工人又是周边国家的两到三倍。

在尧、舜、禹行禅让的上古时期,尧曾对舜说,舜也曾对禹说:“天之历数在尔躬,允执其中,四海穷困,天禄永终。”老天内含的法则在于勤奋劳作(躬,身加弓,弯身劳作之象);把握执守“中”(道德和中庸之道),即便是全世界都穷困了,老天爷仍眷顾你,会给你俸禄到永远。这是中国上古圣王传下的治理天下和为人的核心原则,只要你勤奋地做,即便天下都穷困了,老天仍赐予你富足。

回看当下世界范围内的各种经济危机,比如欧洲一些国家的债务危机，以及接二连三的金融危机，本质上都是远离了老天“健德”的结果，要么是因为懒，不愿付出，想不劳而获；要么因为贪，想少付出而多获得。不付出却想得到，总想占便宜，天下没有这样的好事。股市在现代经济运行中有其重要地位，但疯狂的股市对人的健德往往是种巨大破坏。任何挣快钱、容易钱的想法和做法都威胁着人类的健德，而当人类一旦失去健德之后，懒惰的结果——贫困迟早会到来。

曾国藩在家书中曾反复教导子女“治家以不宴起为本”。评价一个家庭看这家人是否睡懒觉就知道状况了。早起之家一定生机勃勃，兴旺发达。早起就是体现一个“勤”字。

古人讲道理往往很形象，不像现在，讲道理就是讲道理，很容易让人疲倦和生厌。治家要不睡懒觉，你立马能联想到一个睡懒觉的家窝囊懒散的样子，也立马能想到一个早起之家，在清明的早晨，伴随着刚刚升起的晨曦，空气里透着静谧，一家人各忙其事的生生之气。古人讲闻鸡起舞，一条成语展示的是一幅少年立志的画面。古人用这个词不仅传达了画面的美，也传达了画面背后人要与天一起奋发，效法“健德”的道理。

坤卦代表地，“地势坤，君子以厚德载物”。大地生养万物供养万物，你踩她、打她、骂她、向她身上乱丢东西，她都不生气，仍然接纳你、包容你、承载你，这是因为她有宽广深厚的德行。地有坤德，人效法地，是效法她承载万物的德行。对大地“坤德”的效法，造就了中国人包容、大度的民族性格。

中国人的包容大度来自坤德，坤德越深厚、越大度，越能包容，人生的格局才能越大。

天德与地德构成了中国文化的两个核心向度，地德向内，天德向外，一个承载，一个进取。一个效法天地之德，修德进业的人，才能算是体悟了中国文化的人。这样的人不仅人生境界高，对世界的贡献也会非常巨大。

现在很多独生子女因为娇生惯养，做事意志不强，又难以宽容接纳别人，“健德”和“坤德”缺失，这是很大的问题。这些年，国内教育领域最大的败笔不是应试带来的扭曲，而是德行教育的缺失、走形式和功利化，醇厚的东西已非常少了。

更糟糕的是，我们的社会舆论还弥漫着一种去道德化的倾向，很多人不仅不愿意去理解道德的深意，而且对道德有厌烦情绪，似乎说道德是件非常羞耻和落伍的事。这很像一个不肖子孙，自己的生命源于父母，却讨厌离弃父母。如果这种离弃是基于深深的了解也情有可原，但有太多人不了解却选择了离弃。就像始终爱着子女的父母一样，道德不会因为你的离弃而惩罚你，但你的离弃和无知本身会惩罚你。

缺乏德行根基的孩子，他们将来会面临非常大的考验。德行能让一个人在困境中仍保持积极的人生态度，跌倒了还能爬起来，甚至越挫越勇。没有德行涵养的人，面对困境将非常难熬，因为内在没有光明和力量。顺境中，德行虽不能直接成就人，却是人的才华施于正道的保障。

有德有才的人是社会的栋梁，无德有才的人，才能越大，对社会的破坏也往往越大。在反腐中，人们看到很多贪官能力都非常强。深究他们的被查处都和德行败坏相关，体内正向光明的力量不能抑制贪欲等阴暗力量。案情一旦揭露出来，人们才发现，这些人全是金玉其外败絮其中，面子有多好里子就有多坏，而且他们的能力越大给社会造成的伤害越大。一帮无德有才的贪官比一帮无德无才的贪官更可怕。

## ◎ 中国人取名字的秘密

一个德字几乎构成了中国文化最核心的底色，在传统中国人的生活中重德尊德无处不在。中国人极其重视取名，所谓“姓名”即是“性命”，一个人的“名”是一个人的“命”，叫一个人的名字就是揪住了他的命。所以，古时有名讳，尊长可以叫晚辈的名字，大人可以提着小孩的命，晚辈却不能叫尊长的名字。过去，皇帝的命最大，名讳也就最大。

先秦时期，诸侯国都称“邦”，到了汉朝，因为要避汉高祖刘邦的名讳，后世邦都称国了。再比如，《道德经》原本是：“道可道也，非恒道也”，为避汉文帝刘恒的名讳，改成了“道可道，非常道”。类似的例子还有很多。

过去，中国人取名都要看生辰八字，不管是否科学，从中可以考察中国文化的很多价值取向。看生辰八字目的是考察一个孩子“木火水金土”五行的状况，五行缺什么名字里就补什么，这是基本规则。如果单从“木火水金土”看，很难看出有什么道理，若了解了金木水火土对应的五德，其中的隐意就明白了。

中国传统文化中，木对应仁德，火对应礼德，水对应智德，金对应义德，土对应信德。五行的背后是仁义礼智信，缺哪一个意味着先天的哪一种德行不足。五行缺什么补什么的取名规则，实际上是以取名的方式补一个人先天不足的德行。中国人取名的真正目的在于，通过取名帮助一个人的德行整全,取名是为“全德”服务的。

传统中国人把德行和自己的名（命）联系在一起，德全的人才会有好命，德不全，命就不好。有人也许认为这多少含有宿命论，但仔细想想，是不是也有些道理呢。

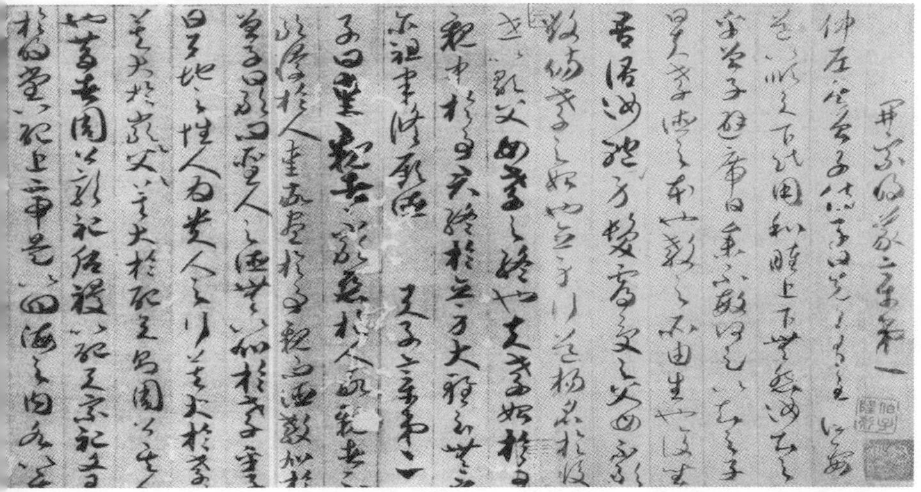

贺知章草书《孝经》局部

# 孝

子曰：「父在，观其志；父没，观其行；三年无改于父之道；可谓孝矣。」

# 孝：人间大爱的原点

## ◎ 孝的字意超出你想象

目前发现最早的中国文字是甲骨文，甲骨文是刻在牛的肩胛骨和龟的腹甲上的祭祀文字。据研究，甲骨文中共有不重复的单字 4500 个左右，已识单字 1700 个左右。因为很多字义不明，甲骨文文句有太多让人迷惑不解的地方，任何一个新字的破译都可能意味着一批甲骨文文句的破译，中国历史和中国哲学史都可能因此而改写。

据目前考证，甲骨文中的孝（）字很像一个小孩

头顶向上长了一棵植物。甲骨文之后是金文（刻在钟鼎青铜器等金属上所以称金文），流行于周朝。甲骨文和金文是商周时期的文字，是中国文字的根脉。金文孝字写作“”，上半部像一个老人弯着背拄着拐杖，意指老人。现在的孝和老，上半部分一样，都是老人的形象。下面是个小孩的形象。孝字的意象是，老人在上，小孩在下，孝是两者之间的某种关系。

秦始皇统一中国后，丞相李斯将各国文字统一为小篆，是中国文字的第三个阶段。在此之前，中国的古文字为大篆，也称籀文，不同的地方写法各不相同，像战国七雄齐、楚、燕、韩、赵、魏、秦，每个国家都有自己的文字，有些类似，有些很不一样。孝的古字中，有个非常有深意的写法，上面是一个“+”号，中间是一个“×”号，下面是一个小孩的形象。一个小孩头顶着“×”号和“+”号就是孝。

“×”和“+”是现在数学的乘号和加号。在符号学领域，这两个符号具有特殊意义。“+”号代表本体，也是太阳的象征，为万物的来源，为万物供应能量、爱与温暖。在世界各地原始时期的古迹中，均有发现“十”字以及“十”字为原型的变化符号。我们现在看待医院，通常只把它看成物质性的医疗机构，但在物质外表的内里，医院的精神含义是爱对人类的温暖和疗救。所以医院用红色的“+”号做标志，这是医院的精神符号，红色代表温暖，十字代表本体的爱。

“×”号代表本体的旋转和变化，本体的旋转和变化就是创造。乘法意味着翻倍，是加速增长，事物增多，与创造之意相通。两个“×”号叠加是汉字“爻”。“爻”是《易经》中的阴阳，分阴爻和阳爻。阴阳变化是万事万物生成和变化的内在原因。《易经》通过阴阳的排列组合，穷尽了天地人世所有的可能性。而爻当中则蕴含着天道智慧和所有的变化规律。

古文“学”字写作學，上面像是一双手捧着爻，下面一个小孩要接这个爻，却被一层幕帐遮住了。启蒙就是去掉这层幕帐，让孩子接受到爻。学的本意是让小孩掌握阴阳变化的智慧，这是有关天道真理的大智慧，是本源之学。不像现在的学，要么为了考试，要么学点谋生的小技巧，都是末梢之学。

这个孝字与众不同，非常特别，一个小孩头顶着本体和本体的创造，它想说明，孝不仅是人与人之间的关系，同样也是人与天道智慧之间的某种关系。

在古时，表示尊敬有很多方式，礼让、鞠躬、作揖、磕头等，其中最隆重的方式是顶礼。顶礼是把尊贵的对象放在头顶以表敬意。头顶是一个人最高的地方，顶在上面代表最高敬意。

《说文解字》中，天者巅也，指最高处，对人而言，头顶就是天。老天爷所在的位置因为至高所以最尊贵。西方人在惊叹、遭遇不公或者急需帮助时，会不自觉地呼喊“上帝”，中国人则是喊“老天爷”，都是在呼喊自己心中的最高存在，祈求帮助和主持公道。现实中不可能把一些尊重对象顶在头顶，但可以通过把头放低的方式，让对方显得尊贵，所以有了鞠躬等表示尊重的礼节。其中磕头把头放得最低，尊重程度也就最高，是所有礼中的大礼。在宗教领域会更明显，比如用头顶触碰尊贵者的脚底，或者低头请求摸顶，都是这个道理。

我们发现，孝的古老文字中，都有小孩顶礼的意思，只不过一个顶植物，一个顶老人，一个顶天道智慧。如果我们再深入一些，会发现这三个字虽是三个意象，但内在却是一个意思。

首先，甲骨文中的顶植物。植物都有向光性，顶植物有尊崇和向往光明的意思，光明来自太阳。顶天道智慧同样也有尊崇和向往光明和太阳的意思。

古时，父母有多重含义。每个人有每个人的父母，这是个体的父母。中国人还把天地比作父母，这是更大的父母。在哲学层面，“道生一、一生二、二生三、三生万物”。德也是人与万物的父母，道是人与万物的终极父母。

任何表象都有背后的意义，如果我们不深入意义，往往很难理解和把握表象的实质。人间的父母其实是天道父母的表象之一。父母生养子女，内在是对天地生养万物的效仿，天道把各种德行赋予人类和万物，父母也扮演这样的角色，承担教育的角色。

老人其实也是一个表象。老人往往是智慧的象征，无论是西方还是东方的故事中，有深厚智慧的角色都以老者的形象出现。老人是天道智慧的具象，父母又是老人的具象。所以，金文孝字小孩顶礼老人的表象背后，同样蕴含着对父母所代表的天道智慧的尊崇和向往。

这种尊崇和向往的内涵是“敬爱”。孝的本质是爱，这种爱含有敬意，是向上的爱。这个爱的根源来自我们与天道智慧原本一体而产生的对天道智慧的深沉向往。这深沉的向往在人间的具体化便是对父母的爱。

中国人讲孝，虽然看上去是一层人伦关系，但这层人伦之爱，有着更高的来源，它来自天道与人类之间的“父子关系”。

## ◎ 中国人为何如此重视孝

我们每个人都知道“爱”这个词，但很少人去探究其深意。爱是一种深沉的渴慕，这种渴慕是正向和光明的，负向和黑暗的渴慕是欲不是爱。爱的渴慕是希望与自己爱的对象融合。爱是一种融合的力量。人的喜悦和快乐来自与你渴慕对象的融合，就像恋人在一起，非常快乐，分离则意味着痛苦。爱可以让人团结起来，而恨只能导致分裂。

妈妈对孩子的爱，小孩对父母的爱，初恋情人之间的爱，人对故乡的爱，这都是人间比较纯粹的爱。艾青有一句打动了很多人的诗：“为何我的双眼饱含泪水，因为我对这片土地爱得深沉。”人对大地的爱其实与人对母亲的爱、人对故乡的爱同构同质。真正的爱当中，不仅有眷恋，同样有力量。所以，当人与人之间存在真实的爱的时候，其实是在彼此充能。

一个小孩来到这个世间，他将慢慢长大，经历世事，承担起他的责任，这一切的力量，最初都来自父母对他的爱。这个爱滋养着他，赋予他善的力量，同时将他的人生态度导向正面、积极与光明。如果爱是不足的，甚至是缺失的，这个小孩会缺乏爱的力量，他很难爱自己，也很难爱别人，他对自己和对他人的正向力量会不足，他可能会收缩在自己的世界中，无法真正对他人开放。

人生教育的第一课是爱的教育。小孩感受到父母的慈爱，于是内在也升起了爱，并回馈给父母，这爱就是孝。

中国人讲“百善孝为先”，其中有中国人对人世极为深刻的体察。孝是对父母的爱，如果在德中区分本末，孝是德之本，是仁爱之本。中国人重视和强调孝，其实是以最方便和最现实的方式，让一个人建立人间之爱的基础，人世间一切美好的东西都建立在爱的基础之上，仇恨不能建立任何美好的事物。有了这个爱，一个人才能很好地展开自己幸福而正向的一生。

《尚书》中，有多篇商朝时期宰相伊尹的作品，其中《尹训》篇中有句中华文化的名言：“立爱惟亲，立敬唯长，始于家邦，终达四海”，是对孝为何成为中国文化核心要义的重要注解。

一个小孩刚出生，首先接触的是父母和亲人，他内在真实的爱只能通过亲人父母建立，父母真实的爱传递给孩子，孩子感受到了真实的爱，才能学会真实的爱。小孩对人的尊敬只能通过长辈建立，小孩学会了对长辈真诚的尊敬，也就学会了对其他人的尊敬。人间的爱和敬始于家庭，始于父母对子女的爱——慈，和子女对父母的爱——孝，一旦建立便能由内而外、由己及人，推及天下，终达四海。

可见，孝是一个人立爱的基础，它确保了爱的真实和有力。一个不孝之人，他的爱往往是无力和虚伪的，连生养自己的父母都不爱，让他真的爱别人会有多大可能呢?

春秋战国是个礼崩乐坏的时代，也是一个学术风起百家争鸣的时代。春秋时期儒、墨两家是争论的主角，战国时期是儒道之争。直到汉武帝罢黜百家,独尊儒术,先秦的诸子之争才告一段落。儒家和墨家争论时，孝是争议点之一。墨家主张兼爱天下，不分亲疏，这种大爱具有极强的感召力，打动了很多人。但儒家推崇孝，认为爱不可能是无源之水无本之木，尤其是在人世间，她需要根基，只谈爱大家不谈爱小家，爱大家很难真实。

孝悌，始于家庭，起点虽小，终能成其大，因为有根，树木枝叶才有所附丽。

现在很多人认为中国文化是集体至上，顾大家不要小家，其实这是片面的认识。中国文化是爱小家，扩充出去爱大家。小家是大家的源头活水，大家是小家的延伸。国家是国和家两个意思，现在称国家，过去称家国（家邦），家是国的基础。一个爱家的人，基于对家的爱，才会真正爱国，因为国破家何在，保卫国就是保卫自己的家。但一个人不爱家，他爱国是为什么呢？国破家亡，他本来就不爱这个家，那么国破了对他来讲并没什么损失，这种爱国多半具有投机性，需要警惕的。

中国文化强调根基，任何事物都要有根有本。因为处处有根，中国文化才保持了强大的生命力，绵延至今，根脉未断。爱是整个人类的根，内裹着爱的孝是中国人的根，有了这一源头活水，有了真实的爱做基础，才可能去谈爱他人、爱国家、爱世界。

现今世界范围，都面临道德滑坡的挑战。有意思的是，很多国家的人在自觉不自觉的自救当中，都选择了重视家庭、回归家庭这条路。我们这个最注重家庭的国家，在学习西方的过程中，物质财富急速增加，家庭观念却日趋淡漠，而西方社会却恰恰相反，出现了回归家庭的潮流。有人说，国学的精髓在西方，西方的垃圾在中国。家庭是道德重建最重要的根据地，这一早已深藏在中国文化之中的智慧，正在疗救西方。而西方的物质主义、自利主义、个人至上主义、争斗与放纵等文化垃圾却在折磨着我们。中国人会慢慢意识到，什么是好东西，什么是坏东西，辨清这一点，中国人的道德觉醒、文化重建才能真正开始。

## ◎ 德行越高的人越具有公共性

儒家的仁爱贯穿于人与人、人与万物的各种关系之中。从仁爱出发，向上对父母的爱为孝，扩充出去是对尊长、国家和天道的爱；平行对兄弟的爱为悌，扩充出去是对朋友的爱，最后是四海皆兄弟；向下对子女的爱是慈，扩充出去是对动物的爱、植物的爱，万事万物的爱。儒家以仁为中心，将一颗仁爱之心向四周放射，形成了一个无线扩充的以人为中心的爱的能量场。这是真正的儒家精神。而距离这颗仁爱之心最近的是孝悌。

孝悌是人间之爱生发出的第一波情感，是爱在人间的第一个立足点。一个人来到人世，一旦建立了真实的孝悌，人间之爱也就扎下了根。这一直接而真实的爱，将是他以后生命历程中取之不竭的能量之源。

孝悌始于家，看孩子只要看家庭，八九不离十。爱亲人、珍惜家庭是对小孩最好的教育。亲人不和、离散家庭是对小孩最糟糕的教育。

教育的“教”字，是孝加文，意思是以文的方式让人懂得孝。中国的教育也围绕着孝展开，以孝立基。中国人重视孝，重视教育，内在一脉相承。

《论语》中，孔子有个学生叫有子。孔子去世后，学生们很悲伤，想念他老人家。有人发现有子外貌很像孔子，睹人思人，把他当成孔子礼拜。后来，孔子另外一个学生曾子向有子问非常深奥的问题，他答不上来，大家才回过神来，有子毕竟不是老师，于是再也不拜他了。不过有子的学问也是很好的。《论语》开篇的第二句就是他的话。有子曰：“其为人也孝悌，而好犯上者，鲜矣；不好犯上，而好作乱者，未之有也。君子务本，本立而道生。孝悌也者，其为仁之本与！”

有子说，一个孝悌之人，很少会犯上，一个不好犯上的人，更不可能作乱。后世对此非议颇多，认为是奴性教育，让人听话顺从。这是大误解。

孝悌之教的实质不是服从，更不是奴性教育，而是爱的教育。将孝悌理解为对父母的绝对顺从是对儒家的大曲解，将忠理解为对国君的绝对服从，也是大曲解。一个有仁爱之心的人，懂得宽容、理解和原谅，他会用自己正向的力量影响他人，改变世界，不会以不敬的方式犯上，更不会以破坏的方式作乱。这是有子这番话背后的真义。一个自由仁爱之人，会以正向创造的方式改变，一个心中充满仇恨的人，才会以负向破坏作乱的方式改变。一个孝悌之人是一个真正有爱的人，这样的人改善世界的方式与一个心中无爱的人完全不同。最典型也是最伟大的例子是甘地，他以一人之力，非暴力不合作，改变了整个印度，被称为印度的“圣雄”，这是一个真正有爱的人改变世界的方式——坚定有力却不具有破坏性。

我国汉朝时期，政府曾推行“举孝廉”制度，孝子可以被举荐做官。现在很多人不理解，以为太迂腐，怎么能单凭一个孝当官。其实这是一种“以德选人”的用人制度。孝是德之本，一个真的孝子德行之基坚固，很值得信赖。如果一个人不爱生养自己的父母，可以想象他的德行能是个什么样。

中国传统认为，德行越高的人越具有公共性，越能代表大多数人的利益。德行差的人，做事只为私利，德行高的人才可能真心为公众服务。选拔任用干部为民服务，强调要有基本的德行，以德选人，这是没错的。公众苛求的德性，也是没错的。否则无德的人掌权，即便制度再严，他们也总能想出办法谋取私利。所以，选拔干部要以德行为基础和前提，其次才看能力。

儒家学说核心是“仁”字，仁者人也，仁者爱人。仁的内核是爱。儒家是真正的人本主义者，这个人本建立在爱的基石之上。

## ◎ 孩子走正道就是孝

《论语》中，孔子和学生曾反复讨论什么是孝，这些讨论涉及很多层面。

子曰：“父在，观其志；父没，观其行；三年无改于父之道；可谓孝矣。”

孔子说，父亲健在时，看孩子的志向，父亲去世了，看孩子的行为；如果三年没有改父亲所秉承的志向；这称得上是孝了。

中国文化与西方文化有很大差别，中国思维是形象化的，而西方是抽象的，总是通过概念逻辑来表达。中国文化的很多核心“概念”，它的内涵往往极活泛，只可意会，不可精确地固定表达。比如孝是向上的爱。在《论语》中,并没有孝的这一概念,只说孝悌是仁的根本。这里说，孝是三年无改父之志,《论语》中还有很多对孝的“定义”。总之，孝是对应着不同情形的不同反应。这种不固化概念，而是当下把握的思维方式，让中国文化能够跳出僵化的束缚，具有处处寻求恰当的灵活。

有人说，父亲如果是个恶棍怎么办，儿子必须做恶棍才是孝吗？这是误解。后人对传统经典存在太多误解，误解是因为没明白孔子的本意。孔子是无心而说，你偏要做有心之解，只能仁者见仁。

三年无改父之道，此道不是私道，不是父亲的品格习性，而是公道，是天地在人类之初根植于人性中的道。此道光明正大，从古至今，在人当中代代相传。再混账的父亲，从内心深处，多半还是希望儿子走正道的，儿子走正道对他是一种孝，走邪路对他不是孝。所以，父之道是父亲，也是每个人内心深处渴慕的正道。三年不改正道，这样的儿子才算孝子。

为什么是三年？中国过去有守孝三年的规矩，有人觉得太长，孔子说这不强求，关键是问你的心，问心无愧就好。如果你心里觉得不用三年也行，但人刚生下来“三年不免于怀”，父母抱了我们三年，他们去世了，我们守三年，实在是应该的。三年也是一个考查期，一个人如果三年不改正道，说明他已很坚定，以后不太可能走歪路，可以放心了。

孔子在此讲孝，也是在讲教育的传承，传承要以正道为依据。一个人传承天地正道，内心有爱，这种人都是一流的孝子。

## ◎ 权贵者如何行孝

孟懿子问孝。子曰:“无违。”樊迟御,子告之曰:“孟孙问孝于我，我对曰，无违。”樊迟曰 :“何谓也？”子曰 :“生，事之以礼 ；死，葬之以礼，祭之以礼。”

孟懿子向孔子问什么是孝，孔子说 :“不要违背”。樊迟是孔子的学生，为孔子驾车，孔子对他说，刚才孟孙（孟懿子）向我问孝，我回答无违。樊迟问孔子，啥意思呢？孔子说，父母健在，要以礼侍奉；父母去世了，要以礼葬之，以礼祭拜。

孟懿子是鲁国权臣孟氏子孙，属权贵阶层。权贵阶层最容易犯骄奢淫逸的毛病，喜欢讲排场、比阔气，目无他人，铺张浪费。人不节制就会违礼，孔子说无违，是应人而说，针对富家子弟。礼中包含着孝，一个知礼之人、依礼而行的人，做事讲分寸，懂规矩，该做的做到位，不该做的不做，不乱来，不僭越，这样的人对老人一定很周到，一定是个孝子。

居上者是为政者，为政者有教化之责。中国的政治伦理，为政者要对整个社会风气负责，必须坐得端、行得正。不违礼之孝是为政者行孝道的原则。过去有段时间，一些官员给父母祝寿，大操大办，拿老人做幌子，借机敛财，这不是给老人祝寿，而是在给老人折寿。这种违礼的“孝”，不是孝，是大不孝。

孟武伯问孝。子曰：“父母唯其疾之忧。”

武伯问孝，孔子说，让父母唯一担心的是自己生病。可怜天下父母心，儿女的一丝不如意，父母都牵挂在心。若能体会父母的担心，一个孝子就应该把父母可能担心的事都解决了，以让父母不要为自己担心。通常，人所有的事都能自主，唯有疾病难以自主，病来如山倒，没有办法。孔子说，除了生病外，把其他的一切都做好，让父母不担心的人才是孝。这对众人具有普适性，对武伯又有特殊之意。一个武人，难免争斗杀伐之事，容易把自己置于险境，这是父母最担忧的。孔子对武伯未直言何为孝，而是因人施教，意味深长。

## ◎ 孝隐含着深刻的教育意图

《论语》中，有很多问题相同而孔子回答却不同的地方。后世很多人认为，孔子的话缺乏体系，甚至前后不一。这是不解夫子因人施教的苦心。教育不是培养成批一样的产品，而是让每个人成为他自己。每个人都独一无二，有自己的性格和命运，但现实中的教育却试图以相同的模子塑造不同的人。这样的教育是让人成为他人的复制品，而不是成为他自己。

瑞士人荣格在他的一本书中，曾写下一段让人印象深刻的话："遵照榜样而活的人啊！生命没有跟他们在一起。若你们按照榜样而活，你们的活就是榜样的生命。若你们不去活自己的生命，那谁又该活你们的生命？活自己的命吧！”

每朵花都需要绽放，她们却都不同：每个生命也需要绽放，也需要不同。尊重了生命差异的教育，才是好的教育。

对待一件事，人应该三思后行还是说干就干？一个鲁莽之人，要提醒他三思后行；一个优柔之人，需要鼓励他果敢，说干就干。教育必须因人而异，否则很容易误人子弟。真理没有统一答案，执着于唯一的标准，执着于统一的概念都可能走向真理的反面。真理存在于不同情形的灵活恰当中，不在固定的概念和模式中。孔子这种对不同阶层，不同性格人的不同教法，是真正好的教育，它尊重了孝的普遍性（爱），同时又兼顾孝的差异性（在不同人群中该注意的重点）。

子游问孝。子曰："今之孝者，是谓能养。至于犬马，皆能有养；不敬，何以别乎？"

孔子说，当今的孝者，是那些所谓能赡养老人的人。像犬马一类的动物，也是有人养的。如果没有对父母的敬，孝敬父母和养动物有什么区别呢？

子游是孔子的学生。孔子的回答针对当时一种普遍的狭隘认识。这种认识一直延续了2000多年，至今很多人仍这么理解孝，以为给老人钱，养他们就是孝。“养儿防老”虽然不错，却是一种对孝的狭隘理解。孔子提醒子游，仅仅是“养”之孝，那和养动物没什么区别。人类的孝建立在内在真实的基础上，它不单纯是物质性的，更是一种真实而高贵的情感，一种向上的爱，一种对老者，对赐予我们生命、抚育我们成长的长辈真诚而深沉的敬意。

教育有两个向度，好的教育教人向上，看到在物质之上还有一个浩大的精神世界。糟糕的教育是按下一个人的头，让学生仅停留在物质层面，成为一个像动物一样只谋吃喝的人。孝在中国文化中受到如此重视，隐含着深刻的教育意图——它是人生抬起头颅、向上仰望的第一步。父母是这仰望看到的第一颗星辰，一定要让孩子看到父母的光芒，这个光芒同样来自父母的德行。如果孩子找不到这光，生不起向上的敬爱，不能建立孝，他的头颅会很难仰起。这是真正输在了起跑线上。输的原因不在孩子，而在父母，不在父母的财产地位，而在于父母的德行。教育从父母开始，父母之教是人生最重要的教育。

## ◎ 孝的体和用

最后再看一句。子夏问孝。子曰："色难。有事，弟子服其劳；有酒食，先生馔，曾是以为孝乎？"

子游问孝，夫子说要"养"、"敬"结合，有外有内。子夏问孝，夫子的解答进一步深入到细节。父母有事，子女去做了，但色难，脸色很难看；桌上有好吃的好喝的，让父母先吃，但心里并不情愿，难道这就是孝吗？

中国传统社会是个全民行孝的社会。普通百姓重视孝，士大夫和皇帝更重视孝。汉文帝在位二十多年，力行节俭，采取休养生息的政策，和景帝一起称为"文景之治"，是中国历史上税赋最少，社会最安定和谐的一段时间。汉文帝也是一名有名的孝子。他的母亲薄太后曾生病三年，文帝早晚侍奉毫无倦怠。民间说"久病床前无孝子"，文帝三年病床前始终和颜悦色，不仅毫无色难，每次端药都要亲自尝一尝后再给母亲喝。

一句"色难"，概括了天下多少所谓"孝子"的真实面目。把孝当成一种外在责任，或是一种不情愿但必须尽的义务，此时的"孝"已不是真的孝了，成了内在麻木，外在的不得已而为之了。孝不是装出来的，也不是强求来的，而是自然自愿，出于真心。人总是发乎内而显乎外，内在不情愿，外在怎么掩饰都能露出马脚。内在不情愿，外在却显得恭顺，这是虚伪。没有了真诚，哪里还有孝呢？

人与人之间，财货的赠予很容易，真心最难。天下的父母对子女那真是掏心掏肺，这种真心天下难寻。所以对子女而言，父母是天底下最难能可贵的人，子女的孝，亦应以真心回馈，掺不得半点虚假。

夫子对孟懿子说，孝是不违礼；对武伯说，孝是让父母除疾病外不担心自己的任何事；对子游说，孝除了养以外还要有敬；对子夏说，孝不能色难，要表里如一，诚中达外。一个孝，解答因人而异，万变之中，始终不离真诚的敬爱。但每个人行孝的方式和重点却不同。位高者体现为礼；好武者体现为体会父母的担忧之心；对子游和子夏这样的学生，则体现为对孝的表象与本质的把握，以及对两者的打通。

一个孝字，谈何容易。但重点只有两个，一个爱，一个诚。真诚的爱就是完美的孝。只要怀着真诚的爱，你就会真正在乎对方，你对父母的任何一个举动，都能体现出那动人的孝。就像父母对出生的子女，一举一动总能表现出慈爱，恋人对彼此，一举一动总能表现出爱意一样。

将深奥的理论拆解于寻常日用具体境况的对话中，是中国文化的一大特点。真正的中国文化（区别于被曲解和僵化的中国文化）在深厚理论支撑的基础上，一直保持着随机应变的灵活。一人一教，一种情况一个办法，任何情况都求恰到好处，背后却不离其“宗”。中国人的灵活性正来于此。

但这种灵活不能没有根基，一旦失去了背后的“宗”，失去了天道真理的依据，灵活就会变成没有规矩的乱来。当下，社会上的灵活，很多都是乱来，损人利己，违背道德、违背良心、违背法律。所以无论是执政理念，还是社会发展、教育变革，都需要与古时圣贤所秉承的智慧建立连接，在源头活水的基础上创新发展，否则很容易陷入自以为是的乱来。

《说文解字》中，“孝”为“善事父母者”。反观现实，事父母者不少，善事父母不多。把事父母变成善事父母，是我们很多人要做的功课。

吴大澂篆书《论语》

# 悌

子曰：「弟子入则孝，出的悌，谨而信，泛爱众，而亲仁。行有余力，则以学文。」

# 悌：四海一家的兄弟情

## ◎ 悌德，友情世界的维系者

“悌”字，左边是“心”，右边是“弟”。古时“弟”与“第”两字通用。“弟”在甲骨文和金文中，分别写为和，像是用丝线缠绕着古代的兵器戈，区别在于戈的方向，一个朝左，一个朝右。《说文解字》中对“弟”的解释是“韦束之次第也”，是缠绕次第之意。所谓兄弟的弟，正是兄后面依次出生的小孩。

“悌”是“弟”的旁边加颗心。中国文字中，凡是有心的都和人的内在活动有关，比如思、意、念、想、感等。

从文字上，悌字是用心对待弟的意思。《说文解字》中，“悌，善兄弟也。”用心善待兄弟就是悌。

中国传统文化强调的仁爱主要有两个方向。向上是孝，平行是悌。为什么不强调向下的慈呢？因为慈是父母对小孩的爱，对大部分人而言，这种爱不需强调，已经很强烈了。向上、平行和向下的爱，构成了儒家的“十”字。十字的交叉原点是仁爱，向上以孝的敬爱方式发散，平行以悌的友爱方式发散，向下以慈爱的方式扩散。

悌是中国传统人伦关系中的核心基石。悌并非仅限于亲兄弟之间，家庭内兄弟的友爱只是悌的原始出发点。

子曰：“弟子入则孝，出的悌，谨而信，泛爱众，而亲仁。行有余力，则以学文。”弟子们在家行孝，出门了对其他人能像对家中兄长一样尊重有爱，处世谨慎而讲信用，广泛地爱他人，亲近有仁爱心的人。做好这一些之后还有余力，则可以学文化知识了。

在夫子看来，教育要行先文后，而行的重点是“爱”行，有了这个，再去学文。老夫子不愧是真正的教育家，这样教育出来的人必定刚健笃实又富有爱心。从中可以看出，在孔子眼里，悌并不是仅限于家庭的。

悌始于家邦，但能推而广之，广泛存在于朋友、同学、战友、同事之间。你会发现，朋友、同学、战友、同事间表示关系亲密，都以兄弟相称。战友之间是一个连队的兄弟、一个战壕的兄弟；同学之间是一个班的兄弟、一个寝室的兄弟；同事之间是一个单位的兄弟、一个部门的兄弟等。

悌还可以扩充到家族与家族之间、民族与民族之间、国家与国家之间。

悌是一种具有广泛包容性的友好情感，一个好汉三个帮，四海之内皆兄弟，全世界人民团结起来等。其内在都是“用心对待弟”的“悌”字支撑着。整个友情世界，乃至友情世界的真实可靠是由悌德来维系的。

悌的内核是同辈人之间的爱。这爱构成一种互相激励的向上力量。恰同学少年，同辈人一路同行，最容易彼此感染，砥砺精神。

这爱构成了困苦中互相支撑帮助的力量。越是贫苦时期交的朋友，彼此的信赖越深。因为大家啥都没有，看重的只是人品和情义。这是一种纯粹的情感，由于它纯粹，发自人天然的本心，所以持久有力。

这爱构成了交流切磋互相促进的力量。“有朋自远方来不亦乐乎！”朋友同学之间最能互相启发，互相学习，一起进步。

朋友之间各种情感和相互作用的底色都是悌。一个人的悌德如果未建立或建立得不扎实纯厚，他的友情系统就会生病。

## ◎ 悌德决定你真实的人脉

现在社会上流行各种成功学，教人走正道的不多，教人投机钻营的不少。经过他们的忽悠，大家把积累人脉看得越来越重，好好的友情被扭曲成各种利害相交的人际关系。人与人的交情不见人，只见利。要么是应酬，要么是有求于人，要么是吃喝玩乐，无事不登三宝殿，人和人见面背后都是功利目的。不为功利而只为朋友交流的见面少之又少。

友情本来是滋养人的，变成了算计过来算计过去的东西。人与人之间的关系变得累而庸俗。一些商人参加EMBA，一些官员上党校很多都无心学习，而是为了和各种资源建立同学关系。这种有心机的人脉和酒肉朋友一样，没什么保险系数。

其实一个人真正的人脉与他的悌德相关，悌德越深厚，他的朋友越广泛，因为他对朋友的爱越深厚，朋友越能聚集在他周围。这样的人，能成就自己、成就他人，成就大的事业。一个只爱自己，没有悌德的人，不可能有真正的人脉。一个民族、一个国家同样如此。民族、国家有大小，但是否有号召力，有没有人跟随，最终取决于德行，再有实力，做的却是不道德的事，周围的人终会和你离心离德。所以，积累人脉最重要的是让自己的悌德深厚，其中的诀窍是简单真诚。只有这样，人才能做到“泛爱众”。

一个人没有悌德，友情将无法开花结果。在他真正需要帮助时，也许才能幡然醒悟，建立在利害关系之上的人际关系，终是靠不住的空中楼阁。

### ◎ 家国体制的真相

现在独生子女很多，家庭内缺乏“悌”的教育。这代人不容易学会照顾爱护别人，容易变得自私狭隘，以自我为中心，对其他人难以接纳谦让。若是不能弥补悌德的缺失，他们的人生很可能会缺少他人真诚的助力，而变得格局狭小，事业难成。所以在我们的教育当中，悌德培养非常重要，不能缺失。

孝悌构成了仁德的基础，也构成了中国整个文化的核心基础。中国文化很多要义都由此生发而出。培植这个基础的意义多重而深远。

《论语》中，有人曾问孔子，你为何不从政呢？孔子说，《尚书》说，孝啊，唯有把孝和友爱兄弟推广开，用于为政。孝悌就是为政，除此之外还有什么是为政呢？

孔子认为，家中的孝悌和国家的为政是一回事。这其中隐含着中国文化家国传统的内在原因。

中国文化的家国一体指的是其内在本质的一体性，而非外在形式的一体性。内在本质上家就是国，国就是家，但外在形式，家是家，国是国。从内在本质讲，不仅家国一体，而且天国与人间也是一体。在一个国家，天子代表天，在一个家庭，父亲代表是天。一个国家的百姓为民，一家的孩子为子，合称子民。民者冥也，尚未开化，所以需要教化，就像小孩需要发蒙。开化的民和学成的小孩，称为大人，由小孩变为大人，由小民变为大人，这是人生境界和责任的双重提升。

家和万事兴，家人友爱和气，社会少了一份矛盾和戾气，解决社会矛盾消减社会戾气是为政者该干的事，孝悌就解决了，所以一个人在家孝悌就是为政。再深一步，每个人的自我提升，从内在修养到品德，都是在减少社会负担，为社会做贡献，这也是在为政，为的是自己的政，但这个政也有公共意义。不要小看家庭，这一社会基本的细胞决定着社会的健康。不要小看孝悌，这一做人的基本德行决定着社会的和谐。

如果为政脱离了孝悌，鼓励家人互相告发，朋友互相攻讦，社会的基础细胞就会癌化。真诚的爱一旦从社会基层消失，百姓会变成暴民，为政者会变成暴君。仁政会变成无源之水，暴政会成为必然的结果。所以，对为政而言，没有什么比提倡孝悌更基础、更重要的了。

如果说孝由父母到尊长，再到祖先和天道，一路向上，终极归依指向信仰；那么，悌则是由兄弟到同学，再到同事和朋友，一路向外，终极归依指向人间的团结和友爱，同时也指向一个可以聚集无限力量并无限扩充的事业。全球化是西方人提出来的概念，事实上，中国文化早有全球化的概念，“协和万邦”“天下一家”，而悌德正是协和万邦、天下一家背后的维系力量。

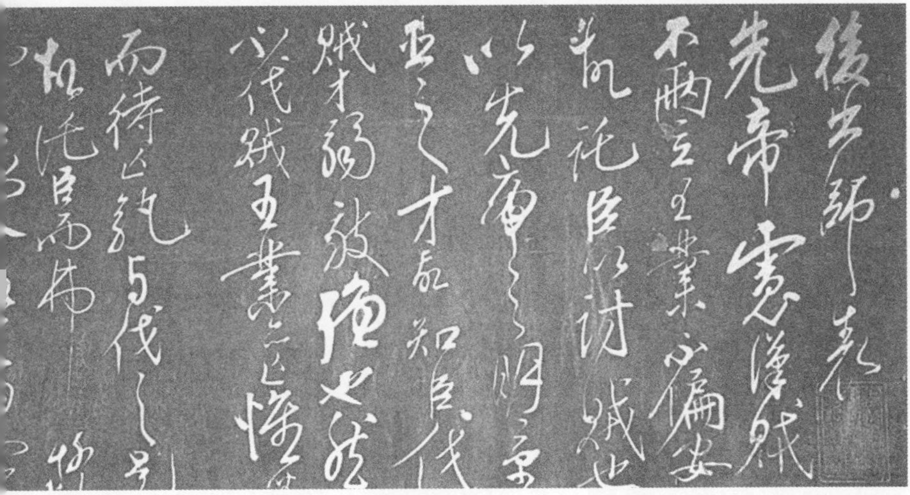

岳飞草书《后出师表》局部

# 忠

忠有两解，一是中心，一颗道德之心；二是心中，一个渴望道德的心。总之，忠是人心与道德的关系。

《说文解字》中，忠者，敬也，忠的意思是敬，敬的本质是向上的爱。所以忠是向上一路的爱，终极指向是道德。

# 忠：敬业精神的来源

## ◎ 人们对忠的千年误解

忠字的金文写为，上面是中，下面一颗心。小篆以及繁体和简体，对比都没做实质修改。简体心字，由一颗画出来的象形心，变为了现在的三点加一勾的心。

从文字看，“忠”有两解；一是中心，一颗道德之心；二是心中，一个渴望道德的心。总之，忠是人心与道德的关系。

《说文解字》中，忠者，敬也。忠的意思是敬，敬的本质是向上的爱。所以忠是向上一路的爱，终极指向是道德。

长达数千年的时间中，人们对忠一直存在误解，以为忠是对人的忠诚。忠被扭曲成了一种庸俗的人身依附关系。皇帝和臣子之间、领导和下属之间、老板和员工之间，忠于人替代了忠于事。一个人有中心才具有忠的品德，忠是内含着个体独立自主的德行，却被扭曲为自己没有中心以他人为主的奴性意识形态。至今这种意识形态在我们的社会中仍广泛存在，它对身处其中的人的人格是巨大的压制和侮辱。

在封建时代，最典型的是忠君思想。封建帝王不断强化忠君思想，是在不断强化所有人对帝王的人身依附关系。但真正的忠是忠于国家，而非忠于个人。国君以正道治国，臣子忠诚，看上去是忠君，其实是忠于国家，因为此时国家利益与国君的正道事业高度一致。若国君荒淫无道，此时若助纣为虐，“忠于”国君的个人私欲便是不忠，抵制国君的荒淫无道才是忠。

古时，忠诚的大臣被誉为忠公体国，而非忠君体国。君和国有区别。臣要忠于公，而非忠于君。忠公是忠的核心精神，此精神延伸出了中国文化对君臣关系的真正定位。

真正的儒家文化是担当的文化，关注众生生活的好坏。在儒家称之为为政之道，学而优则仕，以天下百姓为己任。现在的表述是“为人民服务！”。

执政为民，君是指挥者，臣是做事的人，君臣关系如何理顺显得特别重要。《论语》中,鲁定公问,君使臣，臣事君,该怎样做？孔子说:“君使臣以礼,臣事君以忠。”

仔细体会这句话，你会发现，孔子眼中的君臣关系并不像后世感觉的那样。君臣之间各有尊严，各有责任和义务，在人格上没有高低之分，更不是主仆关系，而是有分寸的互敬关系。国君通过尊重臣子获得臣子对国家的忠诚。古时，对父母是隐而不犯，隐藏父母的过失，家丑不外扬，而且不冒犯父母。对老师是不隐不犯，师生之间探讨真理，有问题不明白的地方不隐瞒，但有师道尊严，不能冒犯老师。对国君是犯而不隐,因为国君一举一动都涉及天下百姓的利益，不仅不该隐瞒，而且可以为百姓的利益触犯国君。结合“犯而不隐”的解释看，臣对君贡献的忠显然不是忠于国君的私欲和颜面，而是国家利益。如果臣对君的忠，只是忠于人，那么臣子怎么能对国君“犯而不隐”呢,应该处处为国君个人考虑“隐而不犯”才对。

所以，“犯而不隐”注解了忠的内涵。忠是忠于国家，而不是忠于个人，是忠于公，而非忠于私。

“高处不胜寒”的确是出于人生真切的体验。人所处的位置越高，难处也越多越大。中国文化对这些难处的终极药方是“秉正道而行，无往而不利”。古时的皇帝其实很难当，尤其是好皇帝，历朝历代都有谏官，专挑皇帝毛病，在舆论上强迫他走正道。糟糕的皇帝会杀谏官，但好一点的都只能忍着，因为这是忠啊。不仅有谏官，装束上对皇帝也有约束。皇帝头上戴冠冕，前后有串珠，目的是提醒皇帝随时保持身心中正，稍有不正，串珠会乱晃，告诫皇帝要自重。当然，虽然有各种预防措施，在专制体制下，皇帝的私欲还是经常占据上风，这是体制问题，不是文化问题。

## ◎ 中国人的忠义崇拜

中国文化的源头在先秦，那时的中国展现出巨大的文化创造力。中国文化纯粹的那一面产生和保留于那个历史时期。我们要看清中国文化，必须回溯到先秦。

在汉朝后，皇权的强势最终导致了中国文化的扭曲，越往后越演变成为皇权服务的附庸，尤其到了明清，皇权专制到了极点，很多核心概念的本意被扭曲篡改。像忠孝，原本是爱的自然生长和延伸，却被局限于对父母和国君的绝对服从。

后世的人讨厌道德说教，正是因为道德被僵化为了教条，失去了源头时期的鲜活，如果我们能返回源头的鲜活，我们将会发现道德不是一副死板面孔，不是一副说教模样，而是充满生机的。那时我们才知道，祖先们反复谈论的道德仁义礼智信究竟是什么，才能明白他们的用心和深意。

了解到这一层，欲求中国文化的这一面目，必须越过皇权扭曲的迷雾，回到中国文化的清澈源头。中国圣贤创建中国文化，劝人健全德行的苦心，不是基于个人或团体的某种利益，不是意识形态教育，不是奴性教育，更不是为统治需求，而是基于对天道真理的体认和对整个人类的爱。在天道本源那里，修养德行早已是我们每个人作为自我提升的必经之路。

忠是对天道公理的爱，内含着对天道公理的守护和坚持，这份守护和坚持生出了勇气和果敢。忠结合了仁德和义德，既有爱又有力量。

过去，说一个人“仁义”是极高的评价。具有仁、义两种品德的人，难得且稀有，受人尊敬。“忠”恰恰兼顾两者，所以，中国人对有忠德的人特别尊崇。

最典型的代表是关羽。民间崇拜关羽为武圣人。在会所厅堂、商家铺面，甚至各类帮会，都会经常见到关公的画像和塑像。

民间崇拜关羽的背后，是人们对忠义化身的崇拜和渴望。西方法律传统中，人们崇尚的正义女神一手拿着天平，一手握着宝剑。天平代表公平，宝剑代表正义。而在中国，人们最渴望的是一手端着仁爱，一手拿着宝剑的人。相比而言，都是行义，西方的正义女神更为理性，中国的忠义之士会显得更有人情味，更容易和民众的心产生情感连接。

## ◎ 敬业精神发端于忠德

忠是一种德行。上文讲到，人类文明、人类社会整体上是建立在道德根基上的。人类所有美好事物的内核，所有正向价值的内核都是道德。没有道德，人类无法完成任何一件美好的事物。人类所有具有正向意义的良好素养都发端于德行。

比如，责任感、敬业精神。现在不管是公司、社团、学校还是政府，没有任何一个团队不重视职业责任感和敬业精神。但很少有人追溯它们的根源。我为何要尽职敬业？

每一个人都可以做自己的主。所以，当我们选择去做时，因为你的内在本来自由，你所做的任何事，都是你的意愿。但是，如果这种自由没有敬畏，没有应该遵守的法则，它将非常可怕。一个团体的成员，一家公司的员工，可能随心所欲，完全失控。所以，人们在不知不觉中，发明了爱岗敬业、忠于职守等诸多的职业价值观，以此引导和限制每个人原本的自由意愿，让这意愿受到一种精神的激励而不再随心所欲。

这些职业意识和价值观之所以有力量、有效果，不是因为其他原因，而是因为他们来源于德行。有了德行根基，这些价值观才能引导和限制最可贵的自由。假大空的东西只能欺骗人，强制的东西只能奴化人，而唯有道德的东西可以让人心服口服地引导人。而责任感、敬业精神的德行来源正是“忠德”。中国人讲尽忠职守，是通过忠德的培养来解决一个人负责和敬业的问题。事实上，在任何有实质意义的正向价值观中，你都能找到德行基因。

孝是向上一路人与人之间的关系，悌是平行一路人与人之间的关系，它奠定了人与人之间相互爱护的基础。忠则超越了人际关系，在广大的人与事的世界里，搭起了一座爱的桥梁。忠不是忠于人，而是忠于事，对事的忠演变出了现在人们极度重视的责任、敬业、担当等价值观。从本质上讲，责任是一个人对其所做的事的道德承诺。

一个人重视和担当一件事的动力，以及对此自觉的自我约束，从最内在来源于忠德。若没有忠德，任何事的落实和执行都将缺乏可靠性。职场上有不负责任的离职，战场上有不负责任的逃兵，老师可以不来上课，法官可以不去开庭……人如果不自觉，谁拿他也没办法。而人所有的自觉本质上都来自道德感。

若是没有忠德，人类做事的体系将会崩溃，人类所有的组织都只能靠恐怖暴力来维系，近现代的分工协作，岗位负责制都只能是沙上起楼，不可能成功。

没有勤奋之德，就没有人类持续的创造和开拓，物质的丰富和进步是不可能的；没有孝和悌，人与父母、他人没有真实的情感连接，人与人之间形同陌路，任何一个有温暖有实质链接的团体都将无法组建；没有忠德，各司其职高效运转的企业、政府和各类机构将无法存在。

## ◎ 为人谋而不忠乎

忠所及范围极广，充实于各种各样的关系之中。中国文化中，忠主要针对几个层面的事：为国家做事，忠于公益，忠于公事。为单位做事，为组织做事，忠于职守，职责范围是分内之事，尽心尽力，责无旁贷。为朋友做事，忠于所托。

孔子晚年收的高徒曾子曾说："吾日三省吾身，为人谋而不忠乎，与朋友交而不信乎，传不习乎？"曾子每天反省自己三个方面，为别人做事尽忠了吗？和朋友相交守信了吗？老师传授的东西练习了吗？

中国人的提升之道在于改过迁善，每一次犯错都是提升的机会。三省吾身是改过迁善的第一步功夫。三省具有个体性，曾子有曾子的三省，每个人的三省不一样，关键是要有"省"。每天找个时间静一静，反思一下一天有哪些收获，哪些过错，待人接物、工作学习有没有不恰当的地方……不做三省功课，每天发生的很多小过失很难有意识，犯错的习性一直在那里，遇到相似的情境错误会反复发生。三省吾身是把这些过失提到意识层面，时时注意到它，它一出现，就能警觉，继而改正。

三省吾身极易操作，却难持久，是一项简单却需要强大意志力的工作，越是没有外在压力的简单重复，越考验人的意志力。中国人做事，首先是慎始，开始的时候，慎之又慎，发心要端正，否则不知不觉中事情就会偏向，做歪。其次是贵在有恒，“不恒其事，必承之凶”，做事不能持之以恒，半途而废，劳民伤财，后来的结果一定是凶。人不能恒其事，大多因为惰性积习和意志不强，三省吾身看似不难，对意志力的要求却极高。

一个能坚持一辈子三省吾身的人，意志一定无比强大，这样的人不仅能成事，而且人格上也能日趋完善。曾子的三省看上去是对不同事的反省，背后也是对自己不同德行是否缺失的反省。

“为人谋而忠”不仅适用于朋友所托，也广泛适用于各种公司企业的劳动合同关系中，适用于政府、医院、慈善机构等用人关系中。现实中，忠并不需要付出生命代价。而且尽忠职守的人总是能获得好的回报——单位、上司、同事的信赖和赞赏，岗位的提升，收入的增加，人生事业平台的扩展等。

夫妻之间也存在着一份忠。这份忠是对人间最美好情感的忠诚，是一个人对另外一个人完全托付的忠诚。现在很多人结婚、离婚像家常便饭，过去10多年，国内的离婚率一直在攀升，说起夫妻间的忠贞，很多人都没有细心体会。“执子之手，与子偕老”的夫妻之间，日久情笃的美好淳厚，风雨共度的坎坷同行，是人间最值得珍惜的情感，这份情感只有忠贞才配得上。

这份忠贞能让人内心纯净、安静和充实，不忠让人污秽、躁动和空虚。体会到这份纯净和充实的人，才能明白忠贞的真正意义。人如果没有忠贞之德，在家庭之外放浪形骸，看似满足了欲望，其内心会非常忐忑和不安，这样做的人，虽然外在很难看出来，但其内在的真实心理世界，早已自我放逐。现在的人重外不重内，不愿承认每个人都有一个真实的内心世界，它的好坏才直接关系着我们的幸福快乐。

现实生活中，表面风光、内心千疮百孔的人比比皆是。无视忠贞，就是无视自己的内心世界，当我们玷污了内心家园，在内心世界无法立足获得安宁时，做错事的烦恼、流浪的苦涩、人生无所寄托的空虚将始终伴随于我们的生命之中。

对此，历史上有一段著名往事。西汉时期，匈奴派使节交好汉朝，作为回礼，汉武帝派苏武组团出使匈奴，但遭遇匈奴内部的一场叛乱，叛乱者和苏武的副使有过密切联系，苏武受牵联，被扣在匈奴，没有完成和平使命。单于派人劝降，苏武说，如果背叛朝廷，即使活着也没脸回去，抽出配刀刺进自己的身体，倒在血泊中。被救醒后，匈奴用高官厚禄和冰冷的地牢威逼利诱，又把他流放到荒芜的北海牧羊十多年，苏武尝尽千辛万苦，始终不为所动。他的忠贞赢得了匈奴单于的尊敬，又派汉朝降将李陵去劝降。李陵劝他人生苦短，如同朝露，何苦折磨自己。苏武对李陵说，做臣子的要忠诚，就象儿子要孝敬父母一样，死了也再所不惜，别说这点折磨，为国家牺牲，赴汤蹈火，他都心甘情愿。李陵被苏武的忠诚深深打动，百感交集，悲从中来，当场痛哭流涕，对自己苟且偷生悔恨不已。一个投降而获得高官厚禄的人和一个拒绝变节而饱受困苦的人，境遇和选择不同，内心状态也迥然不同。数年后，匈奴又和汉朝和亲，苏武终于可以回国，李陵流着泪目送他消失在万里沙海之中，心中无限凄凉。苏武回国后，朝廷有感于他的志节，给他非常优厚的待遇，后来还封他为“关内侯”，得到天下人的尊敬。而李陵只能在悔恨与悲凉的心境中，客死他乡。

## ◎ 夫子之道，对事忠，对人恕

《论语》“里仁”篇中，孔子曾对曾子说，参（曾子的名）啊，吾道一以贯之。我所秉承和传承的道，“一”始终贯穿其中。曾子说“唯”，嗯，是！曾子的学生问，夫子说的是什么意思？曾子说，夫子之道，忠恕而已。

夫子之道一以贯之，在曾子眼里，此“一”可一分为二,一为忠，一为恕。忠是孔子之道的半壁江山。字面上，忠是中心，忠于道德、忠于天下大公的心，就是一颗做事的公心。恕是如心，一颗推己及人的心，对人宽恕的心。儒家文化刚毅正大，究其精要，不过是对事忠，对人恕而已。对人恕是己所不欲勿施于人，是有爱心，对事忠是担当精进，是有力量。一个人有爱又有力量，便是忠诚之士。

忠德是责任感的低层支撑和来源。尽忠的方式虽各有不同，万千变化，但要点只有四个字——中正勤勉。中正是忠于公、忠于天道，勤勉是敬业与负责。

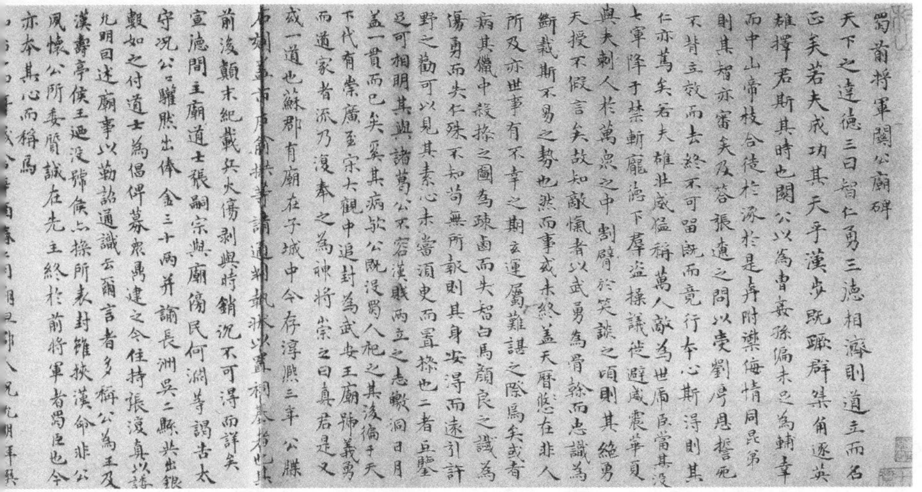


祝枝山小楷《蜀前将军关公庙碑》

# 信

《说文解字》中，「信」和「诚」两个字互解。信者诚也，诚者信也，诚即是信，信即是诚，诚信不分，如果我们再深入一些，会发现诚是信的内，信是诚的外。要理解信，首先要深入地了解诚。

# 信：众德之根

## ◎ 古人眼中的信是人与神灵的对话

金文中“信”字写作，左边是个人，右边是张嘴。小篆的“信”字左边是人，右边是言，写作，甲骨文中的“信”与此很相似。显然，文字上，“信”的表面意思是人说话。人说话为何就能表示信呢?

中国传统社会，普遍存在着天地崇拜和祖先崇拜的信仰，人们把祭祀活动看得特别神圣和重要。先秦时，这种崇拜更是深入人心。“国之大事，唯祀与戎”，国家最重要的事只有两件：一是祭祀；一是战争。

在更早的原始社会，祭祀由巫师主持，后来主要由礼官负责。主持祭祀的人称为“祝”。祝的甲骨文是，像一个跪着的巫师。篆文祝写作，左边是祭台，右边也是一个巫师的形象，其中上部的口显得很突出，说明说话对祝而言特别重要。

《说文解字》解释“祝”是“祭主赞词者”，是祭祀时向神灵说赞词的人。祝所说的话用于沟通神灵，具有神圣性和灵验性。祭祀的过程是人们通过祭主（巫师）赞美供奉神灵，目的是获得神灵的赐福。在古人眼里，要祝才能有福。从文字上可以看出，祝所说的话是以“口”表示的，所以古时“口”具有祭祀语言、神圣语言的意思。我们现在经常用的“祝福”一词，已失去了原本的神圣和宗教意味，早已通俗化。信是一个人加一个口，它的真正本意是一个人面对神灵时所说的话，这样的话代表着誓言和许诺。在古人眼中，“人”加“口”意味着绝对的诚实、彻底的诚实。这就是古人所认为的信。和祝福的祝一样，现在的信也已失去了它的神圣意义，由过去的人对神灵的誓言和许诺，变为现在人与人的誓言和许诺。

## ◎ 诚者天之道，诚之者人之道

《说文解字》中，“信”和“诚”两个字互解。信者诚也，诚者信也，诚即是信，信即是诚，诚信不分。如果我们再深入一些，会发现诚是信的内，信是诚的外。要理解信，首先要深入地了解诚。

诚是中国文化的核心概念之一，也是中国人最看重的品质，有没有诚意往往是能否成事的关键，做人做事，修身修道都离不开诚，很多中国人取名都喜欢用诚字，尤其是我国香港人。诚，左边是言，右边是成，言而能成谓之诚。要做到言而能成必须言行合一。诚接通了人的言和行，确保了人内外的统一性。

《中庸》对诚做了极为详尽而精纯的论述。在子思看来，正是有了“诚”，才有了世界的创造和运行。诚不仅是世界创造的原因和动力，也是我们每个人回归本性的真善美，回归道德的必经之路。

《中庸》中说：“诚者，天之道也。诚之者，人之道也。诚者，不勉而中不思而得：从容中道，圣人也。诚之者，择善而固执之者也。”

诚是天之道，是老天的本性和规律。你看天地从来不撒谎，太阳东升西落，大地生养万物，刮风下雨，阴晴圆缺，天地至诚，没有一丝狡诈和虚伪。不仅天地是这样，世间万物也是这样。矿物、植物、动物身上都始终保持和展示着它们纯真的诚。只有有了智识的人，才发明了狡诈和欺骗。狡诈和欺骗导致了人的异化，扭曲和遮蔽了人本有的真诚。所以，诚之者，人之道也，也就是使自己真诚的路，是人应该走的道路。这条路不是通向未知的荒野，而是通向道德的家园。

《中庸》中对此解释道："自诚明，谓之性；自明诚谓之教。诚则明矣；明则诚矣。"原本自有的真诚光明，是每个人的本性，明亮起来自己本有的光明称为教。一个人真诚则光明，光明则真诚。教育实际上是让一个人找回自己本性的过程。

《中庸》这段有两处深刻启示：

其一，真诚是为人处世最大的智慧。真诚真实而有力地改变你的周围环境。环境再复杂，只要你真诚简单，对你而言，环境就会变得简单。所以环境复不复杂其实是主观的，它因人而异。真诚让人变得简单，也让环境变得简单，让事情变得简单。

真诚也是最高效的，因为任何信息的交流都没有掩饰和扭曲。真诚还是负面效果最小的行事方式。为掩盖一句谎言，我们可能需要撒一百次谎。真诚可以让我们避免更多的谎言和错误。最重要的是，真诚的人，周围会形成被人信赖的正向能量场，人会获得很多发自真心的帮助，这让人做事更容易成功。

现实中，很多人在教人为人处世的方法技巧，多数都在心机的层面打转，说得再复杂再好听，都不如一个“诚”字来得直接有效。真诚无敌，真诚的人“从容中道”，任何情况都能做到恰到好处，唯有真诚的人才有这个能耐。

另一个启示是，要成为一个真诚的人，需要择善而固执之。向善是靠近真诚的方法。这一点也许不是很好理解，但很多道理只要逆向思维一下，就简单了。如果我们向恶，恶的目的总是不可告人的，为实现恶的目的，我们必然会陷入隐瞒欺骗和狡诈之中，只要向恶必然会损害自己真诚的品德。向善之人，光明磊落，没有什么见不得人的东西，自然是真诚的。所以，子思说：“诚身有道：不明乎善，不诚乎身矣。”

## ◎ 真诚蕴含着造物的奥秘

天道与人道的内核都是一个诚字。换句话说，如果能实现纯粹的诚，一个人便掌握了与天地宇宙世间万物沟通交流的秘密。

《中庸》将其表述为：“唯天下至诚为能尽其性。能尽其性，则能尽人之性。能尽人之性，则能尽物之性。能尽物之性，则可以赞天地之化育。可以赞天地之化育，则可以与天地参矣。”

至诚能让我们回到自己本性的世界，道德的世界。穷尽自己的本性，以己知人，便能了解和穷尽世间所有人的本性，能穷尽所有人的本性，便能了解和穷尽所有物的本性。至此，人与物的所有奥秘、法则、规律都已展露无遗。能穷尽物的本性，便能体会到宇宙创生、天地孕化的神奇与奥妙，由此而生出无限赞叹。达到由衷赞叹天地化育的境界，便可以与天地一起参悟与创造。至此，人与天地一体，天地宇宙的所有奥秘、法则和规律都已了解与掌握。

至诚在儒家是我们通达宇宙真理最有力的工具，而虚假和欺骗只能障碍真理，障碍人与自己、人与人、人与物、人与天地宇宙的沟通。不仅如此,《中庸》还认为：“至诚之道可以前知。国家将兴，必有祯祥；国家将亡，必有妖孽。祸福将至，善必先知之；不善，必先知之。故至诚如神。”

一个真诚的人，它的内在会因为澄明而非常敏感，一个人找他，是真诚还是虚伪，有什么意图，是不是想掩盖什么，他往往能敏锐地觉察到，这不是预测，而是心灵澄澈而带来的觉察力，而且内在越诚，这种觉察力往往越强。一个至诚之人没有一丝一毫的虚和伪，实现了彻头彻尾的澄明，内心如明镜一般，朗照一切，这种诚能否前知的确是可以探讨的。

在更广大的层面,《中庸》认为，诚是整个世界创造和运行的内在原因。“诚者，物之终始。不诚无物。是故君子诚之为贵。”

诚贯穿于万物的始终，如果没有诚，就没有我们这个有形的世界，所以君子以使自己真诚为贵。由于天地万物都以真诚示现自己，那么天地万物内在一定充满着“诚意”，这个“诚意”贯穿于万物的终始，随着万物的生发而显现，随着万物的灭亡而隐藏。所以，诚是万物存在的内在维系者，没有这个维系者便没有物（不诚无物）。

诚信作为一种德行，它无形，却真实地存在着。这种存在甚至早于物质的产生，《中庸》演绎了这一过程："诚则形。形则著。著则明。明则动。动则变。变则化。唯天下至诚为能化。"

诚由无形的状态慢慢变为有形，这是物有形的开始，诚早于而且内含于物形之中。物的形慢慢显露出来，这是著，汉语中的显著即是这个意思。显著出来后，就明白可见了，明白可见的物始终在动（万物都是运动的），动则不断在变，变则不断化生。唯有天下至诚，才能不断化生。在儒家看来，天地生养万物，万物不断变化的内在原因是天地"至诚"，而且"至诚不息"，天地创生永不停歇。

中国文化以儒、释、道为三教，以先秦百家争鸣中的儒家、道家、墨家、阴阳家、法家、名家、纵横家、杂家、农家等为九流。中国本土文化，儒道两家是两大源流。道家重点谈道德，儒家重点谈仁义礼智信，两家虽有不同，却是一脉相承。

《老子》中，也提到过"诚"，但用的是"信"字。"道之为物惟恍惟惚。惚兮恍兮其中有象。恍兮惚兮其中有物。窈兮冥兮其中有精。其精甚真。其中有信。”道作为不可捉摸的本体，惚兮恍兮、恍兮惚兮的，但老子发现其中似乎有什么东西，在杳冥之中有精（基础性物质和能量），精千真万确，其中有“信”。古时，信和诚互通互解，所以这个信就是诚。这意味着，老子也认为在生发万物的基础性物质和能量(精)当中,内藏着“诚信”。

可见，儒道两家均认为诚是万物终始的内在原因，诚具有本体意义，而且是本体贯穿万物的品质。这一品质正是道贯穿于万物之中的“信德”。

## ◎ 物理定理的有效性来自宇宙的信德

孔子说：“人而无信，不知其可也。大车无輗，小车无軏，其何以行之哉？”人如果没有信用，不知道他会怎样，像大车无輗，小车无軏，它怎么能行驶呢？輗和軏是古代车的车辕和横木衔接的活销，相当于固定方向盘的铆钉。一个没有信用的人，就像没有方向盘的车子，不受控，到处乱跑，没个准儿。

仔细想想，如果没有信，我们的一切语言、约定、规则都将失效。你说你明天要来上班，或者明天几点要开个会，但没人知道明天会发生什么。没人可以信赖，没一句话靠谱，所有的约定都不能保证。你到银行取十万，银行给你两万，你说我要的是十万，别人告诉你十万可能是两万，也可能是一万，还可能是五千……你会做何感想？“不知其可“的世界不可想象，一切都将瘫痪，人人都会无所适从。

天地宇宙若没有信，客观的规律和法则都将失去确定性。没有信的天地宇宙，混乱不堪，没法运行。所以，信德一刻也不能缺失，有了信，人与人才有真交流，世界才可能被把握，规则和秩序才能建立。所以，不仅是人无信不立，天地宇宙也是无信不立。

## ◎ 人如何能变得诚信

古时甲骨刻起来很麻烦，帛太贵，竹简又太重，因此中国人有惜字如金的传统，文字讲究精当，而且用单字表意，不像现代汉语用词语表意。我们现在所说的信用，是一个名词，但在过去信是信，用是用，合起来的意思是“信的用”。信一旦被用，才能产生信用。可见，一个人要变得诚信，一个社会要成为诚信社会，必须用“信”才行。不用“信”，而用别的，比如智谋、手段等，就不可能有信用。

那如何用信呢？人如何能变得诚信呢？

传统社会的做法主要从教育入手，通过明德的方式，培植人的信德，让人自觉诚信。现代社会的治理思路，主要从制度入手，以外在强制的方式让人不得不诚信。两种方式无所谓优劣对错，问题的关键在于什么时间，什么状况，用哪种方式更合适。

诚是一个人有信的内在原因，而要让自己成为真诚的人，古人给出的路径是向善，做一个善人，与己为善、与人为善、与物为善。一个人向善便能促进内在的真诚。

人要做到诚意，需要回到自己的良知。由良知而发的意，总是真诚的。就像一个小孩落水，良知的第一反应是救人，见弱者受欺负，良知的第一反应是怜悯和帮助他。人之所以见死不救，见到需要帮助的人不帮助，不是人没有良知，而是因为良知被利害得失的意识遮蔽了。这时候人的意就难诚，心就难正，身就难修。良知是我们作为人的善良源泉，向善能回归良知，回归良知就能诚意。

意念真诚了，心就能正了，心正了，身就能修了，身修了，家就能齐了，家齐了，国就能治了，国治了，天下就太平了。

那让人有信的外在关键是什么呢？诚的关键是起心动念，信的关键是言行。对信德而言，外在最重要的是对言行的把握。古人说，“君子一言，驷马难追”，“言必信，行必果”。信在于人言，说到做到是有信，说到做不到是无信。

正因为此，儒家特别重视从言行入手塑造一个有信德的人。孔子平生最喜欢刚毅木讷的人，最讨厌巧言令色的人。刚毅木讷的人不善言辞，内在却刚强有毅力，这种人往往极可靠。巧言令色的人，嘴上说得漂亮，但能否做到很难讲。

历史和人性总是很有意思，从古至今，能说会道的人，总为人们所喜欢和追捧，相反话不多而认真做事的人，却很少人关注。政府、企业都存在这种现象。用现在的话讲，事情既要靠干出来，更要靠宣传出来。当一个人、一个社会开始强调宣传的重要性时，已开始不知不觉与诚信渐行渐远了。

能说会道的人，古时称之为“佞人”，这一称呼最早没有褒贬之分，但到后来具有了很强的贬义色彩。一个臣子被称为“佞臣”是相当不堪的评价。与西方人崇尚辩论不同，中国文化中，对能言善辩者一直评价不高，就是因为能言善辩者很难保有真诚和信用的品德。

人总容易停留在表象，倾向于相信人说的话。即便智慧如孔子也有过教训。孔子有个学生叫宰予，他白天睡懒觉，孔子发现后感叹道：以前我对人，听其言而信其行；自从发现宰予白天睡懒觉，我对人开始听其言而观其行。孔子并不是因为有了宰予的例子而不相信人了，而是取信的方式发生了变化，以前以言信人，现在轻言重行，以行信人。

中国文化培植信德，讲到人的言行，概括起来就是“言必信，行必果。言行一致”。

这看似简单，若要一生践行，却极为不易。具体也有一些指导原则：“能言不能信不言；能行不能言不行；能言能行则敏于行而慎于言。”能言但做不到，这时说便是吹牛，所以不说；能行却不能说，说明所做的事见不得人，这样的事就不能做。做到这两点，便是光明磊落之人。最后，能言能行时，要重行不重言。

《论语》有一段关于言行次序的对话：“子贡问君子。

子曰，先行其言而后从之。”

子贡是孔子早年收的弟子，在春秋时期的名气和影响都很大。子贡善于经商，在《史记·货殖列传》中，排在范蠡之后名列第二，是当时数一数二的大富豪。他去一些国家，国君会亲自迎接，受到大国贤大夫一样的礼遇。子贡问什么是君子。孔子说，先实践自己想要说的事，做到了再说出来，行先言后便是君子。

像子贡这样的贤人，孔子还要告诫他行先言后的道理，说明这极为重要。言行之间，重言容易养成浮华之风，重行才能培养笃实之风。社会的浮华与佞人受追捧有很大关系。虽然在现在这样的商业社会，酒香会怕巷子深，很多事要先说服别人，才能成事，不必一定“先行其言而后从之”。但言行之间，孰轻孰重，孰本孰末，是需要弄清楚的。

老子说：“轻诺必寡信，多易必多难。”轻诺之人必是多诺之人，多诺之人多不能践诺，信用一定很少。越是慎言的人，他的话越能给人以信赖感，越是夸夸其谈随口许诺的人，越不可信。

做一个有信的人，内在要真诚，外在要言行一致。方法在于向善，在于敏于行而慎于言，诺不轻许，言不妄出，守住人“言”这一关，也就守住了信。

古人极注重践行诺言，但古时不像现在有手机有网络，事情有变随时能联系上，也没有飞机汽车，赴约非常容易。有时守信是一件成本非常高的行为。东汉时，在京城读书的张劭和范式是好朋友，毕业离别时，张劭流泪说今日一别不知何时能见？范式安慰他，两年后的中秋节中午，我会赶到你家与你重逢，并拜见令尊。两年后的中秋节一大早，张劭在家杀鸡宰羊，准备迎接范式。他妈说，范式家在江南，离这有千里之遥，恐怕不会来。张劭说，范式讲信义，必不失约。果真，中午时分，远处尘土飞扬，一匹快马飞奔而来，马上人正是范式。

## ◎ 信是自己的路

诚信不仅是社会的需要，更是我们每个人内在最深沉的需要。因为信和爱一样，能让我们与外界产生真实有效的连接。这连接可以让我们摆脱无信状况下的封闭与无序，从而与他人愉快交流，彼此信任。一个不诚信的人，外在世界没人相信他，内在世界充满怀疑和不确定。这样的人与其说可恨，不如说可怜。

本质上，做一个有诚信的人，不是为了别的什么，只是为了自己的生命幸福。

信不是外来的，而是我们内在的本有。外在制度能防止外在不诚信，并不能帮助个人建立内在诚信。要成为一个真正诚信之人，每个人都必须踏上自我的道德内省之路。

除做人诚信外，信还涉及人生其他的核心主题：信仰、信心。信仰和信心都是一种内在确信。大多数的信仰偏于外，信心偏于内。信仰是人对具有超越性质的永恒事物的确信。它是一种通道，通过它，人拥有了一种超越感、永恒感和使命感，人生据此有了新的意义和力量。信心则是偏向内的，是对自己能力、判断的确信。如果一步一步回溯追索，我们会发现信心由内在深处生起，其最初来源隐秘难测。信仰和信心都能改变人的生命品质，但不管是信仰还是信心，它们的隐秘源头都是信德。

信还是一种力量，能够形成正向的能量场，彼此激励。父母对子女的信任，子女对父母的信任，朋友之间的信任，领导对下属的信任，下属对领导的信任，在纯粹的层面，都能生起巨大的力量，这种力量让人团结有力。相反，怀疑是一种负向的力量，父母怀疑孩子的能力，这种怀疑会在无形中传递给孩子，让孩子也怀疑自己，变得更为无力。领导怀疑下属，下属会低落不安，做事的主观能动性和闯劲儿会因此大大减损。

信与不信是取决于你的选择，但选择相信，选择信任，比选择不信、选择怀疑更具有正向性。

很长时间以来，社会舆论都在提倡怀疑精神和批判精神，但是人们有没有想过：怀疑过来怀疑过去，批判过来批判过去，我们究竟得到了什么？我们收获了不信任，收获了对世界和他人的离斥和不屑，收获了不满的情绪，还收获了自以为是。除此以外，我们一无所获。怀疑和批判让我们不再相信人还有纯粹善良的一面，不再相信人与人之间是可以彼此完全信赖的，不再相信人与人可以亲密无间精诚团结，还让人与人变得陌生冷酷甚至仇恨对立。当我们沉静下来，仔细审视，你会发现一旦离开信任，我们就会不自觉地踏上一条彼此疏离相互敌视的道路。这条路通向黑暗而非光明。

培育信德是每个人的必经之路，本质上是完全属于自己的路，这条路通往光明。

孝者，人间爱之根。

陈居中　四羊图页　南宋　绢本淡设色　故宫博物院藏

君子之交淡如水，悌德之至也。

柯九思　双竹图轴　元　纸本墨笔　上海博物院藏

忠勇之士，国之脊梁。

关公读春秋图

一气为春，四季消息中传递着天地之信。

邹复雷　春消息图卷（局部）　元　纸本墨笔　美国弗利尔美术馆藏

礼德，洋洋大观而又井然有序。

清明上河图（局部）

梅之傲雪，义德铮铮。

王冕　墨梅图卷　元　纸本墨笔　故宫博物院藏

清廉之士，出淤泥而不染。

无款　出水芙蓉图页　南宋　绢本设色　故宫博物院藏

淡泊名利，谦谦君子，虽处乡野，行且有耻。

倪瓒　竹枝图卷　元　纸本墨笔　故宫博物院藏

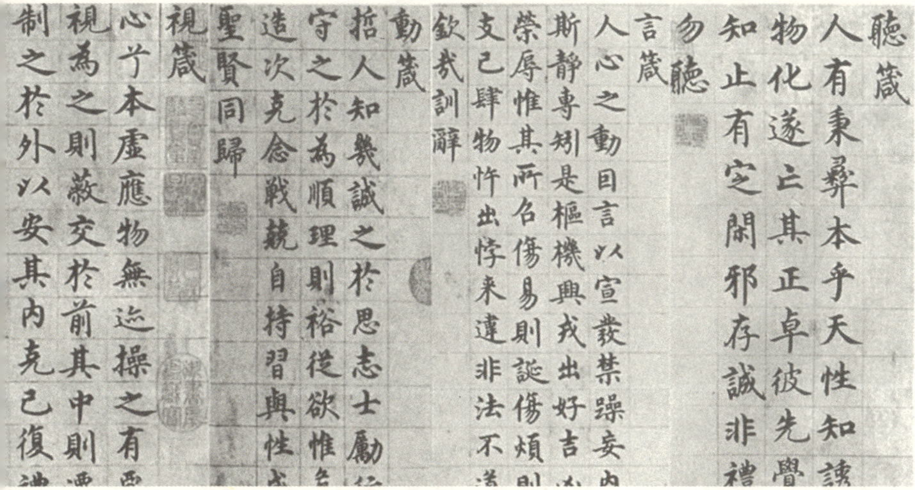

沈度楷书《四箴》

# 礼

从源头讲，礼源于祭。古人认为，人受天地正气和父母祖气而生。天地和父母是我们的来源，这形成了中国人祭天祀祖的传统信仰。

孔子曾说：『不学诗无以言，不学礼无以立。』不学习《诗经》，人不知道如何说话，不学礼不知道该如何立于人世。

# 礼：宇宙规律，人间规矩

## ◎ 礼源于祭

中国文化中，礼是一个极为庞大的体系，在形而上的神圣世界和形而下的世俗世界，礼无处不在，其内涵与外延相当丰富。

中国人被称为华夏民族，文字的意象是在花下跳舞的民族。可以想象，一群人在花下有序和谐地盛装起舞，这一场景背后透露出的是高度的文明气息。这也奠定了中国人的礼乐传统和美学传统。在2000多年前的周朝，中国文明已高度成熟，其标志是一套完备的礼乐制度。如果认真研究一下《周礼》、《仪礼》和《礼记》三部关于“礼”的经典，你一定会感叹先祖们在礼教方面所达到的高度，真是洋洋万端，无所不备，灿然矣。相较而言，现在的人很多时候恐怕只能羞愧地自称是个无礼的野蛮人。

一个人和一个社会如何体现自己的文明？现在我们把文明和素质联系在一起，文明是通过素质体现出来的，人和社会素质的主要体现，正在礼上。一个人与人相处彬彬有礼，懂得互相尊重，互相谦让的社会，身处其中，你能深切地感受到一种文明和秩序。一个到处有人大声喧哗、乱扔垃圾、排队时有人插队、车辆不尊重交通规则、陌生人间充满不友好的社会，即便它有再富丽堂皇的高楼大厦，再完美的物质条件，你也不能感受到文明。

文明是一个人、一个社会由内而外透出的光彩。我们说现代社会一直是进步的，其实这种进步是片面的。在物质和技术层面的确进步巨大，但在礼乐文明的层面，当下的社会还需做出更多的努力。不说太久远的古代，即便是几十年前，你也会发现，那时的人更纯朴，更懂得礼让和互相尊重，那时创作的歌曲也更真诚，每首歌几乎都蕴含着一种正向的美好和善良。

中国之所以被称为文明古国，究其根本，道德是里，由其生发的礼乐是表，可以说，正是礼乐文明撑起了中国文明的高度。寻根溯源，学习礼，做一个知礼之人，不是为回归传统，而是为朝向文明。

从源头讲，礼源于祭。古人认为，人受天地正气和父母祖气而生。天地和父母是我们的来源，这形成了中国人祭天祀祖的传统信仰。现代很多人对祭祀有偏见。祭祀的本意是敬拜，现实中，晚辈去见长辈，带上礼物，行礼敬拜，本质上也是一种“祭祀”，只不过这种祭祀非宗教意义上的。祭祀对中国而言是追忆来源，感恩天地父母和人世间的父母，向他们表示我们的敬仰。这种信仰流传至今，人们已不祭拜天地了，但祭拜去世的父母祖先还大量存在。这种信仰对每个人不仅是有益的而且是必要的。

人在祭拜逝者的静默中，内心会有一些微妙的感受，那一刻似乎与逝去的人能有所相通，他们仍与我们同在。这让身处人世间的我们和一个不可名状但更为广大的世界产生了连接。这种有根、有家，对人世间生活能有所超越的感觉，对人的心理是种极大的安慰和充能。

祭拜也能激起我们反思人生世事，究竟什么有意义、什么无意义。当我们面对逝去的人，并对他们表示敬意时，我们的心灵往往能暂时脱离尘世纷扰，进入一种难以言说的状态，这种状态能让内心生起勇气和善良。所以，人们讲，有敬畏的人不容易作恶。中国人形成勤劳勇敢善良的民族气质，与祭天祀祖的传统有莫大关系。

绝大多数的祭祀都为消灾祈福，通过向上苍、祖先献祭，获得他们的保佑赐福。古时，祈福都有具体对象，要么请求上苍，要么请求祖先。不像现在，有很多祈福，有集体祈福，也有个体祈福，但大都失去了神圣性，变成一种随意行为，不知道向谁祈，也不知道能不能获得福。所以，现在人的祈福大部分都是闹着玩。

在祈福之外，中国人敬天祀祖的传统还有一个很重要的目的——温古知新。“古”是个非常有意思的文字，字形上像一个头朝下的人，而头朝下正是人出生时的形态，所以古有最初来源的意思。

“古”字的结构，上面是十，十字代表本体，是万物来源，最早的存在；下面是口，有言说之意。上下加起来是口耳相传的久远过去的意思。温古就是温习我们的来源。

现代社会崇尚创新，事实上人类从来没有真正的创新，所有的“新”一直蕴含于“古”之中，人类只是一个发现者。有人说，《红楼梦》不是曹雪芹创作的，是曹雪芹发现了“早已存在于天地之间的一段情”。牛顿定律、爱因斯坦的智能方程，早已存在于天地宇宙间，只是牛顿和爱因斯坦发现了它们。我们所有的物理、化学、数学公式都是如此。现在所谓的社会管理创新、商业模式的创新，以及各种技术创新，仔细想想，其实早已存在着，只是被一些聪明勤奋的人发现，而让其由隐形状态显性化罢了。包括各种发明，汽车、飞机的原理和造型，也早已存在，只是被人发现和变现了。

中国人通过祭天祀祖，时时提醒自己不忘来源，以完成温古的过程。祭祀让人在内在的平静中增长洞察力，获取智慧，以此知今、知新。所以，任何一个民族，都需要重视自己的传统，重温自己的来源。因为在一个民族最古老的传统中，才蕴含着这个民族无穷的创造力。

古时，“豊”是繁体“禮”的本字。甲骨文的礼写作，上面像两串打着绳结（）的玉串（），下面像一把建鼓。商朝人信奉万物有灵，巫文化非常盛行，在商

人的原始意识中，建鼓是一种法器，巫师用于作法沟通天地神灵。玉是通灵之物。甲骨文的礼，是一个通过建鼓和串玉沟通神灵的祭祀场景。

金文中的礼写作禮，后来把串玉改成了曲，建鼓改为了豆，左边加了示字旁，变成了禮。曲是酒，豆是粮食，都是祭祀时的贡品。农耕社会，粮食是最重要的东西，粮食的精华酿成的酒更为珍贵，祭祀是把最诚的心、最好的东西献给天地神灵，所以古人祭祀都会供上粮食和美酒。现在的人祭祀逝去的人，会用鲜花水果，也是这个道理。

禮左边“示”的原型是祭祀台，所以金文的礼，也是一个典型祭祀的场景。

现在的简体礼也有其渊源。在大篆籀文中，曾有礼写作礼，对此有不同见解，有人认为，左边表示祭台，右边的乚像水文，代表酒，是祭台加酒。也有人认为，左边是祭台，右边像一个跪拜的巫师。不管是巫师还是酒，意思都是表示祭祀。

《说文解字》中，示字的意思是“天垂象，见吉凶，所以示人”，礼左边下面的三个乚，许慎认为是日月星从上而下的显示，是天垂象示人的表示。按许慎的解释，

"示"字完整地展示了祭祀神灵,神灵显灵的全过程。《说文解字》与一些文字学家认为示是祭台的解释虽有不同,但意思是相通的,神灵垂象示人也是在祭台之上。现在的简化字礼,就是从这个字而来,只是把右边的乚变成了竖弯钩。

从文字上考察,礼的意蕴非常确定,是祭祀场景。礼源于祭的说法相当可靠,礼和祭祀有内在联系。

## ◎ 礼的内在意义系统和外在形式系统

古时,祭祀是所有事中最严肃的一件。祭祀前,祭祀者需要沐浴斋戒,把自己洗干净,不吃荤腥,让身心者保持洁净。祭祀时面对天地神灵或祖先亡灵,内在需要有足够的诚和敬。

在中国某些农村,还保留有供奉"天地君亲师"牌位的传统,牌位的两旁有时会挂一副对联:清晨采藻明其洁,静夜焚香告以诚。把祭祀的牌位看得非常圣洁,祭拜者则充满了虔诚。这种虔诚构成了一种深深的敬。礼德的内在就是一个敬字。所以古人讲"礼主敬"。

由于有了敬意,就像学生在自己尊敬的老师面前,小孩在自己尊敬的长辈面前，必定不会乱来，这种不乱来的自觉约束正是礼。

因为有敬，人才能变得谦让起来。一个人对另一个人不尊敬，往往会自大，啥事都以我为主，不会谦让。所以，礼也主让。

敬当中含有让，但现实中敬和让又稍有区别。敬主要对上苍、祖先、长辈，比如学校里对老师，军队里对上级，都是敬礼。让主要是平行一路，对同学、同事、朋友要礼让。

敬是礼的内核。当祭拜时，祭祀者会是怎样的状态，他一定小心翼翼，虔诚至极。孔子说，祭祀就应该是这个状态。

祭祀是一套人天沟通的仪式。这个仪式在古时具有神圣性，每个细节都有严格规定，要认真做到位。所以，礼当中包含了仪式所具有的规矩，这成了礼外在的形式系统。我们现在说的礼仪，主要讲的是仪式系统。事实上礼有一套内在的意义系统，也有一套外在的形式系统。仪是外在的形式系统，形式是为礼的内在意义服务的。像祭祀，它的形式是一套祭祀仪，意义在于通过人天沟通，以获得内心的安宁和赐福。

现实中，存在着各种各样的礼，比如婚礼、丧礼、生日礼、毕业典礼等，但这些礼大多都庸俗化了，变成了以吃喝聚会为主题。既失去了内在的意义系统，也失去了外在的形式系统。

一段时间以来，中国人在现代化的路上走得太快，物质的迅速积累与心灵空虚之间的张力越来越大，回归传统，找到一个人安身立命的根基，成为很多人的内在渴求。由此，传统国学呈现复兴迹象，这是件非常好的事。但国学复兴绝不应该复古。当下的国学教育，复古之风非常盛行，尤其在礼教方面，全面复古，形式上把学生变得规规矩矩，见了老师要弯腰，行大礼，似乎这就是传统教育。其实这些都是形式，中国文化的精髓不在形式，而在于内核。让小孩学会真诚地尊敬他人，比让他们学会各种礼仪形式重要得多。一个内在有敬的孩子，面对师长和他人，就不会做出过分之举，他的一举一动都能体现出“礼”的精神来。这样的孩子在行礼时是真诚的、自由的，他表现出来的礼就是他自己。一个内在没有敬的孩子，即便会很多礼仪，由于缺乏内在支撑，这些仪都会变成虚礼。他们行礼时，内外不一致，其实是被迫的、不自由的，只是按照大人或外在要求才那么做。所以，强制要求孩子做到“仪”，却不培养他们内在真诚的敬，这样的礼教就会变成僵化的、扭曲人、奴役人的教育，就像鲁迅批判的“吃人”的礼教。

当下，复古教育的倡导者往往把古人的话当成铁律，缺乏变通。他们在尊孔的同时，却忽视了孔子身上所体现出的巨大灵活性。孔子虽然信而好古，却不是一个复古派。他曾说：“愚而好自用，贱而好自专，生乎今之世，反古之道。如此者，灾及其身者也。”如果一个人自用自专，生在今世，却要复古，这样的人，灾祸就要加在他身上了。

世界总是变化的，老子说，执古之道，以御今之有。用古时的道理，而不是用古时的具体做法，不是法古人之法，而是法古人之所法。当下的传统教育，重要的是学习古人的内在智慧，而不是他们的具体做法。

任何一种传统文化都有其超越性和历史性。中国的传统文化超越的那一面具有普遍性，任凭时光流逝，对过去、现在和未来都有指导意义，但历史性的一面只适用于那个时代。对于礼而言，内在的敬和让是超越性的一面，而仪式更多的则是历史性的一面。现代的人朋友相见，不再需要弯腰作揖，握手点头不是挺好？

从深层看，礼不是束缚人的，而是解放人的。很多人都认为礼是一种约束。事实上，对于不懂礼的人，礼才是约束。一个人一旦具有了礼德，内在必然有敬，内在的敬会帮助一个人对外界形成自觉的分寸感，这种自觉的分寸感给人以自由。过分总是让人别扭而不自由，不懂礼的人总在过分之中，所以很难获得安定与自由。

现在的小孩由于很多是独生子女，家长对其很宠爱，以自我为中心、边界不清的问题很突出，边界不清就是无礼。小孩做事要有明确的边界，有了边界，懂了礼，才知道什么可以干什么不能干，当他们在边界内做事时，才能有安全感，才能感到一种边界内的自由。就像社会有了法律，有了行为的边界，很多人才有安全感。如果没有法律，啥事都能做，啥事也都可能不能做，做啥事都不知道后果如何，人会怎样？一定无所适从，缺乏安全感。

## ◎ 仪式的意义

内在敬让是礼德的根本。注重敬的培养，并不是否认“仪”的价值，而是在这个精神匮乏的时代，人们太满足于浮于表面和形式，对内在意义的追问和重视太过稀少，强调内在的意义显得更为迫切。事实上，礼的内在意义系统和外在形式系统往往是契合的。正是因为失去了内在的意义系统，我们现在各种礼的外在形式才乱了套，随心所欲，毫无章法。一套与内在意义相配的外在形式非常重要，它不仅能承载内在意义，而且可以放大提升其意义。

仪式的重点在严谨和庄重，只有这样的仪式才能与礼内在的敬相契合。中国人过去结婚，要跪拜天地父母，喜庆之中含着庄重。不管是说誓言，还是拜天地，由于有一种更高存在的介入，让结婚具有了神圣性。新婚夫妇通过这样的仪式，彼此内在会升起更深层的链接和责任感。现在的人，结婚的重点是请客吃饭，以场面和花销代表男方对女方的在乎程度。如此的婚礼大都停留在地位和个人情感的层面。由于缺乏更高层的意义维度，结婚仪式变得热闹而空洞。

据说，有一个过去以游牧为生的少数民族，其结婚仪式会持续半年甚至更长时间。这段时间里，夫妻俩要穿着结婚礼服走访所有的亲戚朋友，再远也要走到，告知两人的结合并接受他们的祝福。这一趟婚礼下来，两人经历了无数次的正式拜访和结婚仪式，做了无数承诺，接受了无数祝福。此后几乎没人会离婚，因为没有人会有脸面和勇气再来一次。

用现代经济学的观点看，似乎可以用“结婚成本越高，离婚率会越低”来解释。但不可忽视的是，这是一套麻烦却保有着内在意义的结婚仪式。结婚是两个人的事，但承诺需要第三方见证，见证过程越复杂越神圣，承诺的可靠性越高。向老天跪拜关乎信仰，最具神圣性。现在结婚大多请单位领导或长辈见证，德高望重的长辈还好，领导主要是公共权力的掌握，对私人生活毫无权威可言，这种见证其实是一种对权力的媚俗，相当地没分量。走遍所有的亲戚朋友虽然看上去缺乏神圣性，但通过让每一位亲戚朋友见证的方式，增加了见证的分量，这种见证也是有力量的。

在礼的意义系统和形式系统都衰微的时代，过去的一些仪式环节并非一概不可取，只要不生搬硬套，能够取其形又把握其实，对当下也是有益的。

## ◎ 礼者理也，不学礼无以立

中国文化中，儒家特别重视礼。早期，儒的意思是教人礼的人。由于礼源于祭，儒很可能源于巫。因为最早巫师才懂得祭祀，最早教人祭祀礼的人一定是巫师。后来整个人类经历了一段被称为是轴心文化的时期，世界各地圣人频繁降世，中国有老子、孔子，印度有佛陀，古波斯有琐罗亚斯德，西方有苏格拉底、柏拉图和以色列的先知们。中国人讲，东方自有圣人出，西方自有圣人出。轴心时代出世的这些圣人奠定了现在世界不同文明体系的格局，从而塑造出了不同的文化传统，这些文化传统又造就了不同民族国家的人的内在性格和思维方式。轴心时代之后，全球范围的文明开始由原始的神巫文化时期，进入了各自新的文明时期。

儒家重视礼不单单与这些历史渊源相关，而是同礼与天地人世运行的法则相关。礼者理也，学礼就是学理，依礼而行便是依理而行。我们现在讲“道理”，其实是两个意思。道是本体，理是道所蕴含的法则秩序。道是理的来源，理是道的显现。地理、物理、哲理，都是道理的一部分，是天道在不同领域以不同方式展现出来的法则和秩序。

当我们从最深层考察，便能明白中国的礼乐文化以及礼教所具有的文明高度。由于天理本身有其内在深奥的意义，同时又是一套法则和秩序，所以礼也同样如此。遵循礼，本质上是遵循规律，遵循天道法则，真正地依礼而行就是依天道而行。礼实际上是天道的法则。

孔子曾说："不学诗无以言，不学礼无以立。"不学习《诗经》，人不知道如何说话，不学礼不知道该如何立于人世。民间俚语说"有理走遍天下，无理寸步难行。"无礼（理）便无以立，站都站不稳，怎么能行呢？

中国人对礼的崇尚导致了对礼教的极端重视。中国传统教育分两个阶段，小孩 8 岁毁齿（换牙），始有智识，入小学，15 岁入大学。所谓小学、大学就是小孩之学和大人之学。小学学扫洒应对进退之节，礼乐射御书数之文。大学学穷理正心，修己治人之道。

在"礼乐射御书数"的六艺教育中，礼排在最前面。周朝时，学生主要学五种礼：吉凶宾军嘉。吉礼包括各种吉事，结婚、生子、庆典等；凶是凶事，主要是丧礼；宾是宾客之礼，家里来人或出门拜访之礼；军是军队之礼，过去的贵族有服兵役打仗的义务，都要学军礼；嘉，嘉奖之礼，颁奖典礼、毕业典礼等。这五礼基本包含了人生各类场合的礼数，过去的小孩都要一一学习。

现在很多小孩没规矩，家长很苦恼，其实不怪小孩，问题出在教育中缺失了礼教。人都喜欢和尊重有礼貌的人，人外在的貌展现出礼，叫作礼貌。没有礼，怎么可能有礼貌？我们希望小孩有礼貌，教育当中就不能缺少礼教。

## ◎ 施恩勿念，受恩勿忘

礼涵盖的范围极宽泛，有天道之礼、君臣之礼、同事之礼、师生之礼、人情之礼。礼对中国人的影响是全方位的，包括教育、言行习惯、各种习俗，甚至包括治国理念。

《礼记》开篇第一句："太上贵德，其次务施报。"太上在中国文化是极尊之称，尤其在道教，尊神之前往往会加"太上"，像太上老君。老皇帝活着时退位，也被称为太上皇，意思是最尊贵的皇上。

"太上"一词的来源很可能与中国人的创世哲学有关。《易经·纬书》中，将宇宙创世分为四个阶段：太易、太初、太始、太素。太上很可能指在这四个阶段之上，是最初最早的状态，古老而又本源。所以太上可以理解为本体或者天道，无所不包又最为尊贵。《礼记》以太上开篇，是把礼的来源提升到了天道层面。

太上贵德，天道以德为贵；其次务施报，其次看重回报。“务施报”正是中国人崇尚礼尚往来的根据。

《礼记》这两句对中国人的影响非常大。因为贵德，所以中国人主张“施恩勿念”，要不断帮助别人，却不要去想别人回报。因为勿施报，所以“受恩勿忘”，滴水之恩当涌泉相报。

## ◎ 中国人丧礼为何穿白色

中国人的习俗其实都有根据，只是现代人生活在习俗的表面而迷失了它们的本意。由于切断了来源，我们的礼仪变得轻浮多变和缺乏依据。

传统中国人丧礼穿白色素服，西方穿黑色西服。但现在中国人的丧礼，基本上五花八门，穿啥的都有，大家已不太在乎这些了。而在乎者也陷入了混乱，不少人效仿西方，穿黑色衣服参加丧礼。中国人婚礼穿红色，代表喜庆，现在白色婚纱却最流行，而白色是中国人丧礼服的颜色。现在东西文化交融，很多东西都乱套了，甚至颠倒了。凶礼变成了吉礼，吉礼变成了凶礼。

中国人丧礼穿白衣的传统与上古时期中国人的葬礼有关。现代医学认定的人的死亡，在那时称“亡”，亡是逃跑的意思，就是人（灵魂）跑了。人跑要有个过程，需要很多天，所以人死后都不会很快下葬，以预防人（灵魂）再回来。怎样才能确定人回不来了呢？当身体已腐坏，甚至露出白骨时，才算回不来了，这个过程长得可达 3 个月，那时候才叫死。白骨为死的标志，所以丧礼穿白色。

《论语·八佾》多处讲礼，孔子的学生林放问孔子，礼之本是什么。孔子说：“大哉问，礼与其奢宁俭。丧，与其易也，宁戚。”

孔子没有回答礼的根本是什么，而是给出了行礼的具体原则。“礼与其奢侈，不如俭朴。”与铺张奢侈相比，俭朴是礼的本。人富裕起来很容易在礼上放任，大操大办，礼变得越来越奢华，孔子告诫我们，这违背了礼的根本。礼不是为了显示财富地位，也不是为了面子，而是为了高效有秩序有尊严地办事。很多人喜好铺张奢侈，但铺张奢侈其实相当失礼。这恐怕也是社会舆论对土豪做派颇为不敬的内在原因，因为他们违背了礼的根本，无礼之人自然不受人待见。

紧接着，孔子又进一层，“以丧礼为例，礼之本，与其俭易，不如悲戚”。与其俭朴，不如真诚。礼在形式上，以俭朴为本，但礼的根本不是一套形式，而是内在的真诚。古人讲“礼主敬”，却不说“礼主仪”，因为诚敬才是礼的内在实质。我们现在的各种礼不仅“主仪”，而且“主奢”，已违礼甚远了。

中国人过去很少单独强调法，而是礼法并称，原因在于中国人的治国思想一直是整体性的，既惩恶又扬善，有内有外，标本兼治。乱世用重典，强调严刑峻法，是为先治标。治世则强调德礼之治，目的是固本。法有外在强制的优势，能快速治标，却不具有提升人内在品性德行的优势，人生的提升，主要靠德和礼。一个真正有德有礼的人，法会变得无关紧要。所以在德治、礼治和法治之间，法仍需要依赖德和礼，一个道德败坏的社会，法治也很难实行；而德和礼却不怎么依赖法，道德很好的社会，法律往往被闲置。当然，德治、礼治和法治都需要与时代结合，才能展现出恰当性。德治属于上治，虽然层次更高，但在一个道德滑坡人欲膨胀、人心狡诈不守规矩的时代，严格的法治反而是当下最佳的选择。

## ◎ 行谦让，受尊敬

传统的中国人性格都相对内敛。中国文化认为，内敛的人有一种沉静和自省的力量，有利于涵养人的德性。

中国人的内敛培养了中国人的谦逊性格，这与中国人重视礼德有很大关系。礼主敬主让，要点在于尊重别人。谦也主让，谦经常和让放在一起说。

中国人认为谦虚是人最大的美德。在《易经》六十四卦中，唯有谦卦每一爻都是吉，其他的卦都有吉凶悔吝，有好有坏。在卦象上，谦是坤卦在上，艮卦在下，坤卦代表地，艮卦代表山，山在地下，高者在下，这是谦的卦象，很形象地揭示了谦的本意。解释谦卦的《彖》曰："天道亏盈而益谦，地道变盈而流谦，鬼神害盈而福谦，人道恶盈而好谦。谦，尊而光，卑而不可逾，君子之终也。"谦者，天地鬼神人都会帮助他。谦虽然是下，却尊而光，虽然是卑，却不可逾越，一个人能有谦德，终受其福。

古人说，我们这个世界是"理一分殊"，万事万物的理相通，是"一"；但它们的展现又各不相同，是"殊"。

礼者理也，也是如此。礼的一是敬，殊是外在的法和仪。所以，礼在中国文化中，既有形而上唯精唯一的一面，又有形而下纷繁复杂的一面。

《说文解字》中的字序排列非常讲究，一字排在第一个，代表万事万物的开端。礼字是第十三个字，排位非常靠前，这暗示了礼字的重要性。一个懂得尊敬别人的人，一定也能获得别人的尊敬。礼在任何时候都和人的福息息相关，可以说，做一个知礼之人、行礼之人，便是一个有福之人。

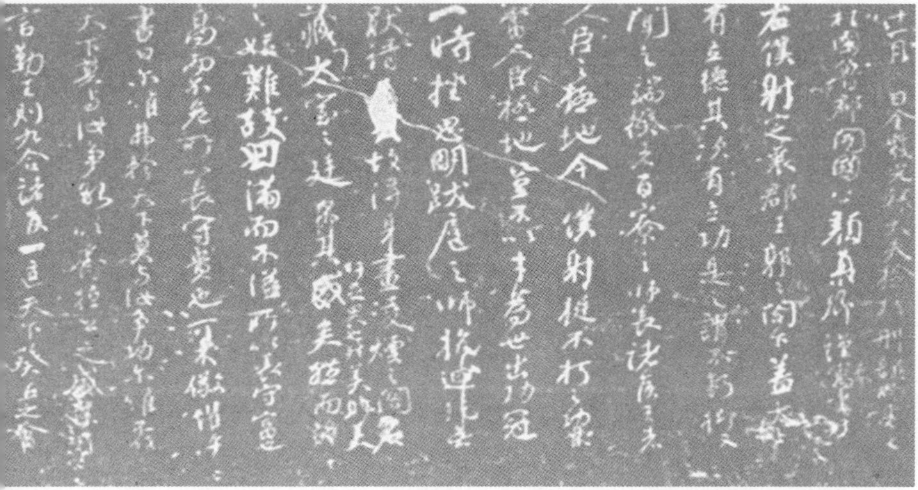

颜真卿行书《争座位帖》

# 义

孔子说：『君子之于天下也，无适也，无莫也，义之与比。』一个君子对待天下的人，无亲无疏，唯义之所在，与其相亲。

# 义：通往正道的捷径

## ◎ 义字本意：符合神圣意志的征伐

在繁体字的演化中，“义”字变化不大。甲骨文、金文和小篆的义分别写作“”“”“”,上面都是“羊”，下面都是“我”，只是字形稍有不同。要在文字上理解“义”，需先搞明白“羊”和“我”的意思。

《说文解字》中，羊者祥也，代表吉祥。我者“施身自谓也”，自称的意思。从这两个解释看，“义”的字意是“我吉祥”，能令自己吉祥的行为是义。

甲骨文是祭祀占卜文字，巫师灼烧龟甲，龟甲的裂纹是卜兆，根据这些裂纹，刻卜辞。卜辞就是甲骨文，内容都是占卜所问事由和占卜的结果。回到占卜这一人类早期的文化现象中，才能更好地理解甲骨文。

甲骨文中有“义”字，说明义与占卜相关。“羊”代表的祥其实是占卜显示的吉兆。“我”的甲骨文字形是“”，右边是“戈”，是兵器，与征战相关。所以，甲骨文中“义”的意思是对一场征战进行占卜，得出的结果是吉。吉兆之战代表着胜利，也代表着此战符合天道。我们现在说正义之战必胜，古时是必胜之战谓之义。可见，“义”的本意是符合神圣意志的征伐。

由于后人对古字的认识还在不断丰富和深化，很多古字的解释并不唯一，但当多种解释指向的内容都大体一致时，我们就能更有把握地肯定一个古字的本意。在对“义”字的解读中，还有一种认识，区别在于对“我”字的认识。

甲骨文中的“我”()，左边像个旗帜，右边是“戈”战旗和兵器，显然与征战相关。但《说文解字》中说道，“我”的古字是“”，右边是“戈”，左边下面像个弯着腰的人。戈是古时战车上用的一种兵器，可以刺也可以拉，但后来战车用得少了，骑兵和步兵兴起后，戈这种古兵

器就很少用了。对戈，有兵器解，但还有另外一种解释。根据很多学者的研究，人类早期都经过一段巫术盛行的时代。巫师祭祀和作法时，会手持法器，有树枝，也有戈，戈是巫师法器的象形。包括后世道士用的拂尘，其实都属于法器范畴。当戈被解释成法器时，那个弯着腰的人自然就是巫师了。所以，“我”的一种原始解释是拿着法器戈作法的巫师。

为何作法的巫师代表“我”呢？因为在原始神巫社会，巫师掌握着通神的权力，巫师的言语决定着整个部族的行为和命运，巫师其实是整个部族的决策者，是整个部族的“我”，整个部族由巫师这个“我”来指挥。所以，根据此解，义的意思是巫师占卜得到吉兆的意思。

综合“我吉祥”“符合神圣意志的征伐”和“巫师占卜得吉”，我们基本上可以得出义字所包含的几层原始意义：义是符合天道的行为；行义者得吉；义涉及意志的实现，比如征伐决断等。这些原始意义基本包含了现在我们对义的主要理解——义是一个充满了力量的德行，内含着勇敢和决断。义包括主持公平和执行奖惩两方面，主持公平代表天理；执行奖惩代表决断。

在文字上再作延伸，我们会发现更有意思的现象。

古时，义是仪的本字，义和仪通用。仁义礼智信的礼义其实就是礼仪，义是礼外在的一套仪，依礼而行出来的仪就是义。礼是理，代表天理，是义的授权来源和根据，义是外在的法则和规定。古时讲礼法，礼偏于内，法偏于外。法是礼的形式系统，是礼的仪。从文字学角度，我们能清晰地发现中国文化中法律与正义的内在相通性——法是仪，仪是义，法律就是正义。

很长时间以来，“礼仪之邦，文明古国”都是中国的固有标签。文明古国好理解，但礼仪之邦很多人可能会理解是礼和仪高度发达，这种理解也不错。如果从礼仪是礼义的角度看，你会发现礼仪之邦的更深内涵。礼主内，义主外。而礼的内核是敬，敬是向上的爱，所以，礼仪之邦其实是“爱与正义之邦”。

## ◎ 中国文字：音载意，形呈像

文字学中，有个“音同义通”的规律。比如上文反复提到的“德者得也，礼者礼也”，字的音相同、义相通。任何一个字都有音形意，音以载意，形以呈像，字音承载字的意思，字形表示所指代事物的形象。为何以音表意呢？以一张桌子为例，表面刷了漆，用眼睛看外表形象，会很难确定它所用的材料，但敲一敲听听声音，你会很容易辨别它用的是木头、塑料还是钢铁。声音更不容易欺骗人，更接近物的实质，所以音相同的字，实质往往相通相似。

古人非常智慧，造字时以音表意，以便更接近事物的实质。用音表意，古人用了一种非常有趣的办法，叫自鸣其名。比如鸡、鸭、鹅的名称，都来自它们鸣叫的声音，再比如婴儿的婴，也是来自小婴儿发出的声音。像狗、牛一类的，叫声和名称似乎不同，但狗的叫声中往往含有“ou”音，牛含有“iu”音。如果不会鸣叫，会用敲击的声音替代，比如木头的木，水桶的桶，都和敲击它们的声音有关。据说在周朝时，父母给小孩取名还保留着自鸣其名的做法。小孩三个月时，父亲会抬起小孩的左手，挠他的胳肢窝，根据小孩发出的声音给他取乳名。

音同义通的规律在古文字中往往很准，后世造出的文字由于没有之前那么有章法，有时并不完全适用音同义通，所以音同义通也不能乱用。

“道德仁义礼智信”都有古字，都可以用音同义通来解释。道者道（道路）也，道者到（终极的到达）也；德者得也；仁者人也；礼者理也；智者知也；信者心也，真诚的心就是信。

义同样适用这条规律，义者宜也。义虽主断，但行义是有法度的。在以前普遍存在天地神灵信仰的时代，这个法度来自天地神灵的意志。在现在的法治社会，这个法度来自于世俗法律。由于行义是依法而行，所以它总是适宜的。

义者宜也，做最应该、最合适、最恰当的事，就是在行义。做一个善人是行义，做一个遵纪守法的人是行义，做一个懂礼貌的人也是行义，爱护他人是行义，帮助别人是行义，主持公道是行义，救人于危难更是行义……义德是使其他诸多道德得以示现的力量，凡是符合道德的行为都是在行义。

## ◎ 政府的合法性来源于行义

孔子说："君子之于天下也，无适也，无莫也，义之与比。"一个君子对待天下的人，无亲无疏，唯义之所在，与其相亲。人这一辈子，做啥事都要循着一个天理，站在理的一边。公道自在人心，站在理的一边终究能站得稳脚步，不站在理的一边，早晚会失去平衡。一个讲理的人是可信的，一个不讲理的人是可怕的。站在理的一边就是正义之路，行义之路虽充满荆棘却是通往人生高处的捷径。

现实中，义有不同层面。首先，代表大众利益的政府必须行义，政府行义具有强制性，否则政府就缺乏合法性。

中国古时，在天道信仰的背景中，皇权的合法性来自上天的授意，被称为天命，皇帝为天子，是老天的儿子，替天行道者。因为老天眷顾众生，所以天子必须行义爱民。老子说，天道无心，以百姓心为心。天子不行正义丢失民心会失去天的眷顾，此时人们可以推翻皇权。推翻皇权的行为称为“革命”。中国历史上著名的商汤灭夏桀、周武王灭商纣王合称“汤武革命”，和现代意义上的革命有巨大区别，是变革天命的意思。

在天道信仰中，天道是合法性的根本来源。古时的人做什么事都以天道为依据，行侠仗义者、草莽落寇者，都打着替天行道的旗号。当天道信仰的维度缺失后，政府的合法性不再以天命为依据，但行义爱民在理念层面一直延续至今。进入现代法治社会后，制定体现民意的法律，并严格执行法律成为政府合法性的重要基础。

行义需要力量，自古及今，政府都是所有个体和团体中力量最强大的。在世俗层面，政府充当了神圣层面天的角色。如果政府不行正义，社会就毫无正义可言。所以，个体的正义之行需要以政府行义为前提和保障。社会非常关注见义勇为。若是见义勇为者总被陷害，而政府又不能纠正陷害而主持正义，那么鼓励个体见义勇为无疑也是一种陷害。

现代法治社会，个体行义的权力很多都收归为政府或法律，成为一种公权力。比如古时杀人偿命，个体可以复仇，法律上的术语是“同态复仇”，你伤了我，我也可以伤你,你杀了我的人,我也可以杀你的人。但现在，只有公权才能“复仇”，你可以帮忙抓小偷，举报诈骗，但你不能处罚小偷和骗子，个体的正义补偿需要公权来完成。此时，个体行义的范围大大压缩了，政府等公权部门集成了各种行义的权力。这一权力若不能正常运行，个体所需的正义就无法得到补偿。

## ◎ 义利之辨

义利之辨是中国文化中很重要的一道辩题。孟子对此讲得最详尽和透彻。《孟子》一书的开头是孟子去见梁惠王，梁惠王说：“叟，不远千里而来，亦将有以利吾国乎”。当时孟子年纪已大，被梁惠王直呼老头（叟）。孟子说，王何必曰利，有仁义就对了。国君不能言利，言利则上下交相争利。对于国君而言，行义就是最大的利。

自古及今，对政府而言，义永远比利更重要，一个国家长治久安，政府必须以义断利，而不是以利损义。如果执政者颠倒了义利关系，它的合法性一定会受威胁。对个人也是如此，君子爱财取之有道，不义之财不可取。先利后义，利一定会扭曲义；先义后利，义则会保证利的纯洁性和持久性。义利之间，利是那贪欲速生的力量，义则是那使贪欲归于正道的力量。

在个人层面，行义是一种道德自觉，而非外在强制。一个有内在德行的人，行义是自然的，就像一个有仁爱之心的人，看到山区的孩子上不起学，帮助他们一样，是发自内在的，没有人强迫的。强迫下的或诱导下的所谓行义，本质上都不是义，而是利。比如，以悬赏的方式鼓励人提供破案线索或者见义勇为，如果那人的动机是为悬赏，他的行为已不是行义，而是行利。从本质上讲，行义是纯粹的，夹杂了功利目的的都是利而非义。

强迫的行义现在称为义务，带有法律的强制性。古时行义是一种内在自觉，来自道德信仰，现在行义变成了一种外在强制，来自法律约束。随着法律的不断完善和深入生活的细节，现代人可以自觉行义的空间已很有限了。

现代人用一套法律和公权机制替代了古时个体的行侠仗义。这套机制建立在“公议”的基础上。“议”字左边是“言”，右边是“义”。议论是对义的论，会议是会面商讨义，决议是决定义。这些公共活动，都指向义。义是现代社会一切公共活动的总归旨。

德行往往给人内敛和柔性的感觉，比如仁德的包容和爱，像温柔的母亲。但与义德相关的德行都充满了英武。比如义、忠、勇。英武是一个人、一个民族、一个国家不可缺少的品质，培养义德就是培养一个人、一个民族、一个国家的阳刚之气。

不管是为官、经商还是做人，这一德性都具有巨大力量——危难时，它赋予你勇气；害怕时，它赐予你无畏；别人需要帮助时，它让你的同情付诸行动；有机会做坏事时，它让你谨守做人的底线；失意时，他会让你问心无愧；得意时，它还会提醒你别忘形……

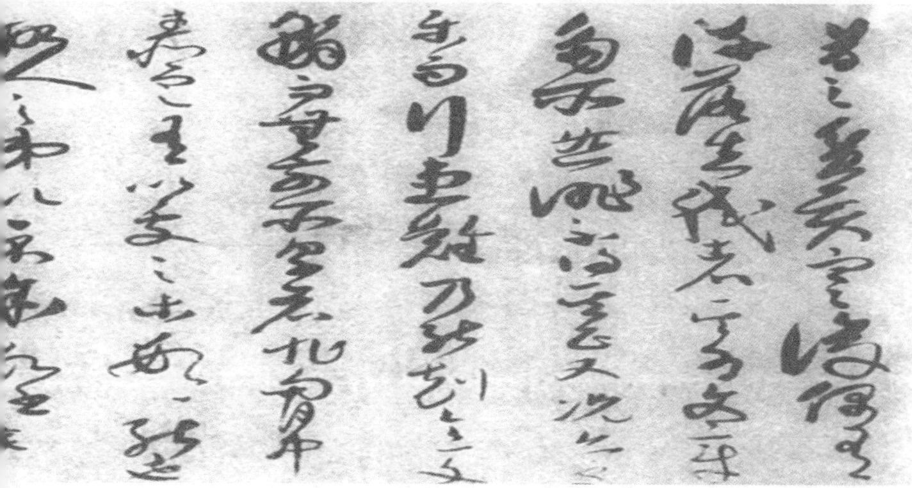

蔡襄草书《贫贤帖》

## 廉

廉能引申出正直之意，表示一个人品行方正。成语『廉而不刿』用的就是此意，一个人有棱角，品行刚直，却不至于割伤别人。

# 廉：官员人生利益的最大化

## ◎ 廉之为德不仅指清廉

廉之为德，现在的人都以为仅指清廉，实际上清廉只是廉德引申出来的一个方面。当然，这个方面构成了廉德的核心。因此，廉德具有两面性，既具有对普通人的普适性，同样又具有对官员阶层的特指性。比如，《后汉书》中所说的“志士不饮盗泉之水，廉者不受嗟来之食。”这个“廉”针对的就是普通人的普适性。志士是有志向的人，廉者则指正直的人。有志向的人不喝偷来的水，因为水“不干净”，一个正直的人不接受带有侮辱性的施舍。根据孟子的说法，如果因为渴，你喝了这样的水；因为饿，接受了这样的食，意味着你已失去了自己的本心。而人的本心正是德性充实的良心。良心受损实在是人生最大的损失。失了本心，高贵的人格便不复存在。古人宁可挨饿受渴，甚至饿死渴死也不愿违背自己的本心。反观现实，很多人为了外在的利益不断出卖自己的本心，表面富有而风光，实际上苟且而窝囊。在对名利的取舍中，廉德可以让人守住自己的本心，让一个人人格挺立，受人尊敬，不至于掉进贪的陷阱。这一点，对所有的人都适用。廉并不是让人清贫，而是让人不要有损人格地享有。相反，具有廉德的人，遇财不贪，反而能获得更多的信赖和欣赏，从而获得更多正当获取财富的机会。

在普适的同时，廉德又特别指向官员。在社会的角色分工中，官员地位特殊，掌握和运行权力。权力最容易招致腐败。官员如果不能谨守廉德，腐败入侵官员后其便没有了内在抗体。外在的反腐制度可以看作针对腐败病菌的抗生素，腐败入侵时，打抗生素显然有效。但如果官员自身没有免疫系统，仅靠抗生素维持，可以想象一下，这样的生命机体会是怎样的状况？显然不可能是健康的，即便表面健康，也是一种脆弱而变态的健康。而且外在的“抗生素”和腐败之间还会不断此消彼长，腐败病菌会不断升级换代，以消解抗生素的作用。最后，难免老子所说的“法令滋彰，盗贼多有”的恶性循环。但是，如果人内在的免疫系统极为健康和强大，腐败病菌就根本无机可乘。中国传统中医强调“正气内存，邪不可干”。这非常有道理，一个人招“外邪”是因为有“内贼”呼应。一个人内在正，邪气就没渠道能进来。一个正直的人，枉邪的小人便难套近乎；一个人枉邪，就会招来小人亲近。一个人不贪，行贿的人会很难讨到趣味；一个人贪，行贿的人就会如鱼得水。可以说，德性是每个人抵抗“外邪”的内在免疫系统，而廉德是官员阶层尤其不可或缺的免疫系统。

中国文字承载了太多智慧，它们一个个都是以显性的方式存在在那里，等待着我们的挖掘和探索。要了解廉德，深入它的文字本身，你会有不一样的发现。这一点同样适用于其它文字。

“廉”字由“广”和“兼”组成，字体的古今差异很小，篆文写作廉，与今天的简化字廉基本相同。

“广”在《说文解字》中解为“高屋之形”，是房屋的符号，所以汉字中有“广”字头的大多与房屋相关，包括“房屋”二字。虽然一个是“户”，一个是“尸”，其实和“广”以及“厂”非常相似，都有表示房子形态的意思。加不加上面的“点”和房子的高大程度与屋顶结构相关。过去的房屋，尤其是宫殿、正房都不是平顶的，不像现在的楼房，强调实用性，大多是方块各自，楼顶都是平顶。古时的中国建筑，也包括西方建筑，在实用中都会考虑到它的精神意涵，甚至会更侧重精神性。房顶在最高处，人在远处就能望见，具有天然的精神象征作用，所以凡是注重精神意涵的建筑房顶都是特别受到重视的部分。你会发现中国建筑的屋顶非常讲究，宫殿的顶宽大而高耸，亭台楼阁的顶精致而向上，这都代表了中国人的精神气象。天坛的三层圆顶，庄重威严，是天的象征。天的特征是高、远、大、空。中国的建筑，像祭祀的庙堂、大殿，屋顶都有这样的特征，都象征着天。西方是尖顶和穹顶，穹顶主要来源于古波斯的建筑风格，其实也和他们的精神信仰有关。所以，那个在文字结构上最高的“点”相当传神，相当于给房子注入了精神。而屋是居住之所，与祭祀、办公、会客的地方不同，建筑要小很多，用于寻常生活，所以和房稍不同，没有那一“点”。

“兼”在篆文中像是两颗禾苗中间被连了起来，有“合并”之意。后来有“镰刀”一词，结合“兼”代表“禾苗合并”，镰刀的“镰”字显得非常生动——用金属工具把禾苗连在一起割掉。

从字形看，“广”代表房屋，“兼”代表合并连接，“廉”的形象显然表示房屋中具有连接合并作用的部分。而房屋是由地基、房顶和四面墙组成的，它们都相互连接，整体上并没有一个特别起连接作用的部分，而每一个部分又都有连接作用。所以，廉究竟指哪个部分还值得进一步考究。《说文解字》用“仄”解释廉，仄通“侧”，有旁边的意思，所以，廉的古义应该指房屋的侧边，侧边连接了前后。

由于侧边和前后两边本质上并没有什么区别。所以古时，房屋的四个边都称之为廉，而东西南北谓之四方，四方的夹角称四隅，偏安一隅就是偏安一角。四方、四廉、四隅构成了对房屋的全方位叙述。由于廉表示房屋侧边，中国的房屋都方方正正，侧边一定是笔直的，所以廉很容易能引申出正直之意，表示一个人品行方正。成语“廉而不刿”用的就是此意，一个人有棱角，品行刚直，却不至于割伤别人。

廉作为一种德性，正直是它的本意，在这层意义上，廉德具有普适性，正直对任何人来讲都是需要的。政治与正直音同义通，好的政治家必当是个正直有廉德的人。而廉洁作为一种德性是由廉的正直性延伸生发出来的。一个正直的人，按照道德原则行事，必然不贪不枉。所以，廉德中的正直性生发出了廉洁性。而廉洁显然具有特指性，普通人之间送礼是礼尚往来，多贵重都无关廉洁，但官员却不能，所以廉洁作为一种德性直接指向官员阶层，古时称之为士大夫阶层。

## ◎ 不是清官怕贪官而是贪官怕清官

通常人们把正直廉洁的官员称为清官，历史中有很多著名的清官，比如西门豹、狄仁杰、包拯、海瑞等等。在历史书中，清官有一个大家不是很熟的称呼——循吏。《史记》、《汉书》以及后世的史书中通常都有“循吏列传”。按照司马迁的看法，所谓循者，是奉职循理之意。恪守职责、遵循理法行事的公务员就是循吏。其实，循吏就是那些干好了本分事的官员。就像道德一样，既是做人的底线也是做人的高线，干好本分事对一个官员而言，既是最基础的，也是最难的。所以，历史上循吏都是作为官员的正面典范而被记载和传诵。清官、廉吏被归于循吏范畴，背后隐含的意思是，清明廉洁本身属于官员职责和国家理法范畴内的事。换句话说，廉洁是官员之所以为官员的基本条件和内在要求，廉洁对官员而言不是外加的，而是与生俱来的本分事。所以，廉洁对官员不应是外在要求，而应是内在自觉。就好像说，一个人之所以成为人必须要有人性一样，官员之所以称之为官员必须具有廉洁性。人失去了人性便不再是人，官失去了廉洁性也就不再是官。

一个官员一旦失去了廉洁性，不仅背离自己的天职，而且一定会触犯理法。这个理法有两个层面，一是人们通常认为的法律，这一层法律具有外在的强制性和惩罚性；另外一个层面是天理。一个官员贪污腐败，即便漏网于人间的法律，天理也不能容他。这种天理不容，现实当中是千真万确地存在着，内心的煎熬、他人的厌恶、社会名声的败坏，邻里乡党的不耻，甚至是历史的唾骂和后人的遭殃……

人凡事要循理而行，方能站得住脚。古人讲，依理而行，无不自得。不管做什么事，一旦违背了理，天网恢恢，疏而不失，内心总不能安稳，总会有哪个地方不对劲、出问题、栽跟头。现在人讲心安理得，其实是理得心才安。一个人依理而行才不会亏德，不亏德就不会亏良心，不亏良心做啥事才能心安，此时即便别人不理解，心里也是坦然的。一个人能做到这一点，一定能成为一个正大光明的人；一个官能做到这一点，一定能成为百姓感念的好官,也才能在官场上长时间的从容无失。

历史上，有很多廉洁正直的官员因为恪守为官正道而得罪了腐败官员。所以，清官和贪官总是势不两立。清官和贪官之间的斗争本质上是君子和小人之间的斗争。君子无所争，所争者必在义礼，本质上是争于公。小人争于血气、争于私利，本质上是争于私。君子有操守,小人无底线,所以君子和小人争,君子往往“吃亏”,历史上清官经常被贪官“欺负”，尤其在政治腐朽昏暗的时期，有时会很惨。但整来整去，真正的清官翻船或是付出性命代价的极少,大不了官当不成了,闲赋在家,另谋生计，生活照样，内心还是泰然光明，仍受人爱戴和尊敬。小人虽然经常“得志”，但拉长历史会发现，小人最终的结局往往非常惨。他们经不起一点闪失，一出事轻则治罪入狱，重则砍头抄家。总之，在清官和贪官的冲突中，清官往往有安全底线，最多损失一些身外之利，贪官则是铤而走险以命相搏，难免家破人亡。

唐朝有个叫徐有功的官员，被列为中国十大清官，专职审案，虽然官阶不高，但古时行政和司法不分，他这个审案官的权力其实很大，掌握着生杀予夺。判官这样的岗位，就像现在的法官一样，直接决定着法律的公平正义，最需要刚正不阿、正直廉洁的人。但奸臣贪官又最见不得这样的人在这样的岗位上。徐有功偏偏是一个正直清廉、严守职责、严格依法办案的人。据说，他纠正和平反了数百起大的冤案，救了上万人的性命。冤有头债有主，救了好人，坏人自然会有麻烦。由此，他得罪了很多人，奸臣污吏们伙同各个利害相关方频频网罗罪名陷害他，但最终都找不到他贪污和枉法的证据，他三次被控死罪、三次无罪释放，两次被罢官，两次又被复出启用。

现在，有人认为，一些官员不敢做清官，是因为怕贪官，不与其同流合污，会遭打击报复。这确实是事实的一部分。但这一陈述有很大迷惑性，似是而非。历史经验表明，真正的清官是不用惧怕贪官小人的，因为没有把柄的人实在没什么可怕的。相反，贪官小人却极为惧怕清官，正因为惧怕，他们才会想方设法排挤陷害清官。这些构陷虽然给清官带来了麻烦，但最终得逞的并不多，最后反而成就了很多清官的一世英名。

中国有句老话“不做亏心事，不怕鬼敲门”。一个人坦坦荡荡，没做任何一件违理违法的事，的确天不怕地不怕。但一旦做了亏心事，有了把柄，对官员而言，一旦落入了贪污腐化的陷阱，那时候坦荡无畏的人格便会离你而去，担惊受怕便会伴你一生。为了一点钱财，如此窝囊和煎熬，实在得不偿失。

有时候想想，人获得财富和地位是何目的，不就是为了获得一种内在的安全感和富足感吗。但通过腐败获得的财富和地位真能给你内在的安全和富足吗？每个人都有良知，你只要静下来听听它的声音，一定能得出正确答案。当我们每做一件违背道德的亏心事时，良知都会在我们的内在默默地说“不”，世间的人被功利和贪欲迷惑的太久，已经很少能听得到良知的声音了。但良知一直不曾离我们而去，她在每个人的内在，一直眷顾和指引着我们。听听她的声音吧！她最不会欺骗我们，绝不会迷惑我们，只会无私地帮助我们走正路，实现我们更为圆满的人生，她是我们最值得信赖和听从的声音。她会告诉你，获得财富需要走正道，贪腐不是好选择，任何让良心蒙羞的行为都不是好选择，贪腐只能给你带来安全和富足的假象，它的背后恰恰是不安全和内在的极度贫穷。对官员而言，只有廉洁奉公，尽职敬业，做本分事，做老实人，才能真正给你带来安全和富足。

## ◎ 外环境不是贪腐的借口

有人说，中国的二十四史是一部贪腐史，虽有些夸张，但也有几分道理。宋朝人费枢曾写过一本《廉吏史》，自春秋以下收了 137 人，后来明朝的黄汝亨考证《宋史》和《元史》，又增加了 64 人。自春秋至元朝近 2000 年，中国史料有载的一共出了 201 个廉吏清官，与庞大的官员群体相比，可谓寥寥无几。当然，这数量仅仅涵盖那些名垂青史的清官，事实上的清官数量肯定远超这个数字，只是没有记载。即便如此，历史似乎仍给人一种清官稀有的印象。否则，如果清官占主流，也不至于像包拯、海瑞那样的清官被人们追捧和稀罕成那样。

历史作为一种环境，左右着人，人作为历史中的能动因素，又左右着历史，人与历史之间构成了浩大的互动画卷。从历史看，官员是否贪腐主要涉及三个因素：制度、环境和个体的道德修养。

《廉吏史》上的清官绝大多数都是个体修养的成就。因为在过去专制体制下，官员属特权阶层，权力缺少监督，制度层面不仅难以预防腐败，甚至会“纵容”腐败。“礼不下庶人、刑不上大夫”，用现在的话讲，腐败的风险和成本很低。腐败的环境一旦形成，它会迅速传染，自我强化，自动形成恶性循环，身处其中，不贪似乎都很难。中国自古及今，清官那么少，与制度和环境显然有很大关系——德性差的官主动贪，德性不好不差的官随大流贪，只有那些德性特别好的官，才能出淤泥而不染。

回顾历史，我们会发现，人类历史上，治世和乱世，政治清明和昏暗腐败总是交替出现，遵循着阴盛阳衰、阳盛阴衰的规律。中国人的历史观不同于西方人的历史观。西方人认为历史是线性的，奴隶社会到封建社会到资本主义社会再到社会主义社会，一条直线的发展。中国人认为历史是循环往复、兴衰交替的，所谓天下大势合久必分，分久必合。奴隶社会、封建社会还是资本主义社会，本身不重要，重要的是治世还是乱世，治世老百姓过得好，乱世不管什么社会形态老百姓都过得不好。所以，过去中国人重视研究治世和乱世的普遍规律，不太在意现象上到底是哪种社会形态。总的来说，中国历史上真正的治世时间很短，数得上的只有文景之治、光武中兴、开元盛世、贞观之治、康乾盛世等几个时期，即便是汉唐盛世，一半以上的时间也是不怎么好的。就像水被污染、被搞浑很容易，但要让他清澈却很难一样。一个社会、一个人保持清廉比陷入腐败要难得多。艰难的路走的人总是要少一些，这恐怕是清官不多在人性层面上的原因。但在人类历史的长河中，在人一生的路途中，人只有向上向前和向下向后两条路走。前者难，后者易。深沉地去思索回顾，要实现真正有意义的人生，我们除了向上和向前还有什么路值得走呢？向上向前的路是由德性的圆满和充实铺就的，追寻德性之光几乎是我们唯一有希望的选择，所以我们值得而且也必须让社会和自己保持清廉，因为清廉的社会清廉的个人才能给道德光辉提供生长的空间，才能避免我们的后代陷入污浊向下的力量的控制和扭曲。远离腐败，远离黑暗，我们的国家和社会才有希望，我们自己才有希望，我们的后人才有希望。

通过历史的眼光，在清廉与贪腐的互动中，我们能够发现两个现象。

第一，制度和环境决定了贪官与清官的大比例。制度和环境不好，贪官多于清官；制度环境好，清官多于贪官。这说明制度和环境对于贪腐是否成风起到关键作用。

儒家经典《春秋》把世道分三种，一是乱世，二是升平世，三是太平治世。升平世和太平世，国家政治清明，清官往往是主流，乱世国家政治昏乱，贪官污吏横行。《汉书.循吏列传》开篇提到："汉兴，与民休息，凡事简易，禁罔疏阔，以宽厚清净为天下先，故文、景以后，循吏辈出。"汉朝开国之后，几任皇帝吸收秦政之弊，用"黄老思想"治理国家，清静无为，休养生息，不仅国力不断恢复壮大，也形成了政治上的清明之风。就像《道德经》中所说：我无欲而民自静，我无为而民自化。君王能够清心寡欲，政治风气自然就能清明，百姓就能自我发展。居上者贪得无厌，政治风气必定污浊腐败。政治的清明，导致了循吏辈出的局面。可见，在中国历史的经验中和传统的治国理念中，在制度和环境层面，清官与贪官孰为主流，主要取决于为上者的治国方略和德性状态。在古时，为上者直接决定着制度和环境。为上者清心寡欲、道德高尚、赏罚得当就能带出一批廉洁奉公的官员，为上者作风败坏，贪官横行就在所难免。这个为上者，既包括政治结构的最高层，同时也包括各个行政司法条线和各个官府的“上者”，相当于我们现在所说的重要岗位上的领导干部，或者各个单位的一把手和领导班子。最高层决定了整体的制度和环境，各个条线和官府的“上者”决定了局部的制度和环境。

秦始皇统一六国后，焚书坑儒，以吏为师，开了很不好的头，官员权力垄断一切，既掌握行政司法权，又垄断教导民众的权力。不尊师重道，推崇权力，恶果很多。以吏为师虽不可取，但官员在任何一个社会中都多少会扮演着“师”的角色，官员的趣味和作风与社会风气的形成息息相关。有研究表明，一个社会，如果政府腐败，那它的方方面面都不可避免地陷入腐败，考学、看病、买房、做生意……都不能幸免。政府是由官员主导的，所以官员腐败，整个社会就会被毒化，官员的作风是整个社会的风向标。

第二，清官和贪官的博弈也影响着制度和环境。制度和环境即便不好，一个清官仍然能够有所作为，甚至对制度和环境产生正向影响。

对官员而言，廉正者必然洁，廉洁者必然明，廉明者必然治。一个国家政治清明、社会安定，是从官员的廉洁立基。这一点具有普遍性，不管是封建主义、资本主义还是社会主义，民主制度还是专制制度，只要官员阶层腐败，再好的制度也挡不住他们把国家糟蹋的一塌糊涂，即便是现代民主国家，也有被腐败折腾的民不聊生的。只要官员阶层清廉，即便是封建专制国家，也可以出现政治清明，天下大治的局面。官员的廉洁是超时代、超制度、超国家的治国原则。对一个真正有政治抱负和心系大众福祉的人而言，廉洁从政是其实现抱负最好的选择，它小则可以造福一方，大则可以影响整个社会的风气，从而促使制度和环境的改善。

但是，历史也证明，制度环境不好并不必然导致腐败。个体的德性提升到一定层次后，可以超越制度环境缺陷，保持个体清廉。所以，历史上很多清官非常难能可贵，均表现出了崇高的人格和德性。这昭示着一个真理，群体很难超越时代局限，但个人可以实现提前超越。就像梵高等很多艺术家生前默默无闻穷困潦倒，但死后却光芒四射。那些在贪官横行的黑暗中傲然挺立的清官，也许当时遭受打击、嘲讽和不解，但历史的前行却无不为他们超越现实的勇气和品行鼓掌。

《中庸》有言，君子之道，暗然而日章，小人之道，的然而日亡。小人之道不长久，开始很红火，很快就会败亡。而君子之道，往往具有超时代性，不容于当世，刚开始暗然而无人知晓，但随着时代发展，越能显出它的光芒来。廉者行的是官场中的君子之道，暗然而日章；贪腐行的是小人之道，的然而日亡。

对众多官员来讲，即便不能改变制度和大环境，行君子之道，提升德性，亦可做到为官不贪，贪与不贪虽与外环境相关，但本质上可以自己做主，关键在于你的选择。所以，以外环境为理由为贪污辩解，表面看是借口，其实不是借口。就像有人偷，我们仍然不能去偷；有人抢，我们仍然不能去抢。别人偷抢并不是我们偷抢的理由和借口，腐败也是这样，制度环境不好、别人腐败并不构成自己腐败的借口。

## ◎ 贪腐者难逃的宿命

官员的好坏美丑，一个廉字最有发言权。一个贪官，即便没有东窗事发，心中也会一直有团乌云覆盖，不得真正的畅快。人内心的干净比什么都重要，心是每个人终日需要面对和相伴的家园。面对一颗丑陋、腐败、恐惧、污秽的心与面对一颗美好、干净、喜悦、安宁的心的生命体验完全不同。中国人说，三岁看到老，相由心生。一个腐败污浊的心灵，外表必然会散发出污浊贪婪的气息，相反一个清澈美丽的心灵，外表一定会散发出一股清正之气。所以很多人说，贪官有时一眼就能看出来。这话虽夸张，其实不假。群众的眼睛是雪亮的，一些贪官虽在台上，自我感觉很好，其实老百姓早已厌恶他很久了。

廉对官员，是保护他心灵健康完好最重要的德性。对于官员，廉德不是外在的要求，而是他内在生命体验提升的需要，是他追求内在生命安宁幸福的需求，而这种德性会涵养他的外在，让他散发出为人所尊重的气质。

中国本土文化，不管道家还是儒家，都讲内圣外王。很多人理解内圣针对内修层面，外王针对外在功业。这自然没错。但内圣外王还有另外一层隐意，一个内圣的人，才能真正王自己，做自己的主人。王自己亦是一种外王。人总是受制于各种条件因素，不能自主。人都有身体，是一种物质存在，而物质都有惰性，总倾向于静止，所以懒惰、好逸恶劳左右着很多人的命运。同时人又受各种名利欲望的引诱和牵扯，很多人一辈子都在为名利和欲望打工。还有些人，总是陷入各种情绪，成为情绪的奴隶。这世界上，真正做自己主人，获得了自主自在自由的人极少。内圣的人本质上是摆脱内外各种干扰和控制因素，实现了生命自主的人，而这种自主便是隐意层面的外王。一个廉洁的官员虽然和圣人还有很大距离，但廉洁却是那个能让官员摆脱内外各种干扰和控制因素，实现为官自主的德性。一旦失去这一德性，官员的自主和自由便不复存在，那时即便你掌握再大的权力，都不过是利益和他人的奴隶。

那 201 个廉吏，虽然很多人在当时是异类，甚至可能吃了不少苦头，但他们的生命体验和内在世界一定比贪官们要美好的多。这种人内在有光明，充满正能量，结局通常会很好。那些贪官污吏，聚集不洁财富的同时更是在积累罪恶，财富是流水，最终都会四散无影，但一个人积累的罪恶最终总是要自己还的。天道有正义，人间也有正义，无法无天如果真的无须担责，那么青天白日之下的人间是否应当存在，以及其存在的意义就真值得怀疑了。所以，如果你肯定人的存在，肯定你的亲人是美好的和应当受保护的，你就需要维护正义，敬畏天道。

老子说，“人道损不足以奉有余，天道损有余以补不足”。人间总是富的更富、穷的更穷，富人还要把穷人的也夺走。但老天是公平的，他会拿走多的补给不足的。人看重财货，老天眷顾德性，天道无亲，常与善人。历史总是站在老天的一边。拉长历史，我们会发现公道始终站在历史背后。翻看历史，贪腐者有多少得到了好下场？有些现世就身败名裂，有些侥幸过完了腐败的一生，但子孙又有几个得到好下场的？

中国历史上有两个著名的改革家，一个是宋朝的王安石，另一个是明朝的张居正。两人都曾位极人臣，权倾一时，主持变法。王安石变法得罪了很多人，遭到剧烈反对，但被罢官后，因为他为人正直清廉，朝野上下对他仍非常尊敬，曾反对过他的人也去看望他。他的政敌司马光称赞他是“大贤”。反对变法的苏东坡说“不知几百年，方有如此人物。”王安石晚年的诗体现出极高的人生体悟，晚年过得平和安详，最终在内在的光明磊落和外在的敬意之中离开人世。

张居正的权势比王安石还要大很多，在明朝万历时期担任内阁首辅长达10年。当时皇帝年幼，国家军政大事都有张居正裁决。张居正确实有才干，后世很多人认为它是杰出的改革家、政治家。但他生活奢华，德性不高。死后，涉及贪腐等问题，尸骨未寒，就被抄了家，儿子被逼死，家里被饿死的人有十多口。

可见，德性全不全是一个人的硬伤，廉不廉是一个官的硬伤。一个人能否善终与德性相关，一个官能否善终与廉不廉相关。

中国古代贪官辈出，回溯历史会发现，贪官基本上都曾一时风光，但结果几乎没有一个有好下场。有人横跨两千年评出中国十大贪官，分别是秦朝的赵高、东汉的跋扈将军梁冀和王温舒、西晋利用官职打劫客商的石崇、南宋公开卖官的右丞相陈自强、北宋的奸相蔡京、唐朝酷爱买房置地的大贪元载、明代的刘瑾和严嵩以及清朝家喻户晓的和珅。和珅是十大贪官之首，据说他的家产超过朝廷的十年收入。相当于现在一个人的财产超过政府财政收入的十倍，这种贪腐已夸张到让人瞠目结舌的地步。这十个贪官都曾风光无限，但结果没有一个善终，处死、流放、抄家，几乎全部家破人亡。

中国有很多说得很绝但句句在理的话："多行不义必自毙""天作孽犹可违，自作孽不可活"。贪腐对官员而言就是行不义，就是自作孽，不得善终是必然结果。这是历史所陈述的客观事实。

## ◎ 清官之乐

世界各大文明体系都有自己的德性系统。中国的德性系统中，仁义礼智信是主干，延伸出四维八德以及中庸中的"智仁勇"三达德。基督教国家是"信仰、希望和爱"三德。古希腊有四大美德：正直、诚实、勇敢、节制。其中的正直之德即为中国的"廉德"。

老子说"报怨以德"，孔子说"以直报怨"。很多人认为，老子更慈悲。其实两位圣人说的是一个意思。正直本身就是一种德性。正字，上面是一，代表天，下面是止，古字的形象像地上端端正正长出一棵植物，一颗植物从地里端正地长到天上就是正，一个人顶天立地就是正。直是直接的意思。唯有真诚才能直接，虚伪者总是遮遮掩掩拐弯抹角。所以以直报怨其实是以诚相待。别人善待你，你以诚相待必然回报以善；别人以恶相待，你以诚相待必然回应以不满，这个不满不是恶，而是对恶的真诚反应。如果你宽容恶，其实是在害人，因为作恶者借此知道作恶可以得逞，便会做更多的恶，让自己陷入更大的危险之中。而以直报怨，那怨的人就会学会反思自己的怨有没有道理，这是在帮人。

依理的人才能正，真诚的人才能直，廉德也可解释为真诚而讲道理的德性。这一德性对人显然太重要了。一个人不真诚已让人不喜欢，如果再加上不讲道理，那简直无法忍受。大家不要一想到廉洁的人，就是那种不通情达理，只知洁身自好的人，这种人只在追求廉的路上，还没有达到廉洁。廉洁之人，真诚而又通情达理，是一种非常智慧的境界。所以，廉德被归于智德范畴。

真正有廉德的官员，不是苦闷死板的形象，而是快乐智慧的形象。清官有一种内心的清净之乐，这种乐只有真诚有智慧的人才能体会得到。清官固然因公务繁忙而照顾不到家人、因公正廉清而生活相对清苦、因长期劳累而积劳成疾，但因道德充实而自得其乐。孔子的弟子中，颜回最好学。《论语》中说他：“一箪食一瓢饮，陋于巷。人不堪其忧，而回也不改其乐。”颜回只有一碗饭一杯水，简陋地居于小巷中，一幅清贫疾苦的样子，外人都为他担忧，颜回却乐在其中。“颜回乐在何处？”是后世儒家弟子最重要的参究话头，参透了才算品出了一点圆满自足的味道来。颜回之乐其实正是道德充实的自得之乐，此乐有一种真正的无忧和自在。这种无忧和自在让颜回超越了对物欲的贪求，不是颜回吃不起好饭，而是他见大忘小不在乎这些“小乐”了。颜回自己说过，他有几十亩地足够吃饭，还有一些地足够产麻织布做衣服穿，还有房子住，是有房有地衣食无忧的人。他清贫是自甘清贫，自甘中包含着自愿和享受。真正的清官也能体会到此乐。此乐远超沉溺于物欲的乐，它清纯恒久。

即便从物质层面，从古至今，社会各阶层中，官员的合法收入都不会太差，足以维持相对体面的生活。王安石吃粗茶淡饭，穿破衣烂衫，不是因为他没钱吃好一点穿好一点，而是因为他不讲究这些。廉洁的人往往崇尚简朴，这是德性自觉，而非没有条件。

在《史记·循吏列传》中有一段很精彩的对话。有人知道鲁国的宰相喜欢吃鱼，投其所好。此人拿很好的鱼送礼，宰相不收。他问，听说宰相嗜好吃鱼，我给您这么好吃的鱼为啥不收呢？宰相说，因为我嗜好吃鱼，所以不敢收你的鱼。那人不明白了。宰相接着说，我现在是宰相，俸禄足够给自己买鱼吃，今天我收了你的鱼免了自己花钱，将来谁还会给我发工资买鱼吃呢？所以，我不能要你的鱼。

宰相的话有三层意思：一是自己的工资足够用度和满足嗜好；二是收了你的鱼会威胁我的官帽，让我陷入丢掉稳当饭碗的危险，得不偿失；三是腐败腐蚀朝廷和国家，国家危亡我们都没饭吃。宰相活的非常明白，他权衡利弊，守住廉洁思想防线。这就表明，用合法收入维持生活和爱好才是长久之道，收人钱财是自砸饭碗、目光短浅的愚蠢选择。贪官本质上是很愚蠢的，不是因为他们不聪明，而是因为贪欲让他不能看得更远而变得愚蠢。宰相俸禄虽然高些，但对大部分官员而言，谨守廉洁并不意味着穷困，长久“吃鱼”的能力还是有的。

因此，清官不是苦官，而是乐官。在物质层面，清廉不是让官员过苦日子，而是让他们不以权谋私，保持公正廉洁，取得合法收入，这是一乐。在精神层面，清廉能让一个官体会到内心安宁的生命之乐，执政为民的奉献之乐，奉公执法的正义之乐，自我实现的职业之乐和受人爱戴的崇敬之乐。这些乐，贪官遥不可及，是真正的为官之乐。

## ◎ 为官需要有济世情怀

财货名利是人的身外之物，积累再多终有撒手之时，但太多的人看不透这个道理，总是抓着不放，不知不觉中，把自己弄成了财货名利的奴隶和牺牲品。

人的快乐来自于心，心的快乐来自于德行的充实。为善者，无需对方的回报，善行本身已回报了他。奉献其实是人世间最快乐的事，一个人为别人做了事，帮助了别人，心里最快乐。相反，当我们不当索取时，得到的那一刻也许会有占有物质的快乐，但心里总有一种无形的阴影和不安。这个感觉叫“于心有愧”。愧字是心里有鬼的意思。任何一件见不得人的事，都会增加我们心里的“鬼”的数量。每一次受贿，心里都增加一个“鬼”。贪官的内心有一群“鬼”挥之不去、反复闹腾，如何开心得起来。

为官要问心无愧。早期儒家提倡“学而优则仕”，出仕为官是为救世济民。不像后世，把出仕庸俗化变成了为功名利禄。孔子说，君子喻于义，小人喻于利。救世济民是义，针对的是君子；功名利禄是利，针对的是小人。如果社会主流意识形态都认为为官是为功名利禄，拿高官厚禄吸引人做官，官场一定会成为小人扎堆的地方。所以，官员作为一种职业同样需要职业精神，而且这个精神需要真实地活着，这样官员们才能体会到职业成就和荣誉。千百年来，为官精神的内核都是为百姓谋福利，这是一种奉献自己成全他人的崇高精神。这一崇高精神让官员成了这个世界上最高尚最值得尊敬的职业之一。但如果失去了这个精神，官场变成争夺私利的名利场，那么一群没有灵魂的官员也将成为这个世界上最无耻和最让人鄙夷的群体。而判断官员精神死活最简单的标准就是它的清廉程度，官员清廉意味着他的职业精神还活着，腐败则意味它已经死亡。

所以，当官是需要情怀的，没有奉献大众的情怀，而为获得荣华富贵，最好不要当官，免得遭人唾骂，自取其辱。求荣华富贵，经商比做官好得多。经商的目的是赚钱，只要合法，你可以全情投入赚钱，并享用它们，这样的人生仍是真诚的、美的，可以给人带来尊重和快乐。如果官员也想着这些，你的职业属性和你内在的私欲膨胀就会撕裂你的人生。你的人生会变得虚伪丑陋，言行不一，内外不一，说一套做一套。你要么成为“常戚戚”的小人，要么成为表面风光内在不堪的“伪君子”。贪官不管有何差异，本质上都是这样。想想看，一个人尸位素餐，整天过着虚伪的日子，没有真实的自己，没有良心的抚慰，任凭很多“鬼”在心里折腾，让自己成为它们的奴隶……这样的人生是对生命意义多大的讽刺和否定。

一个官员，如何强调其内在德性的修养都不过分，因为这是在唤醒和保持官员本身所应有的精神，是这个精神而非为官所得让为官变得真正有意义。当一个官员意识到，廉洁是其内在要求，并自觉践行时，他才能明白廉洁对于官员的真正意义。它是为官的灵魂，它能让一个官在清明之世实现抱负，在浑浊之世独善其身；在流俗之中不为所惑，在艰难之中坚持自我；在黑暗里不迷失正道，在清明里自得其乐。守住一个廉字，实在是官员的第一要义。

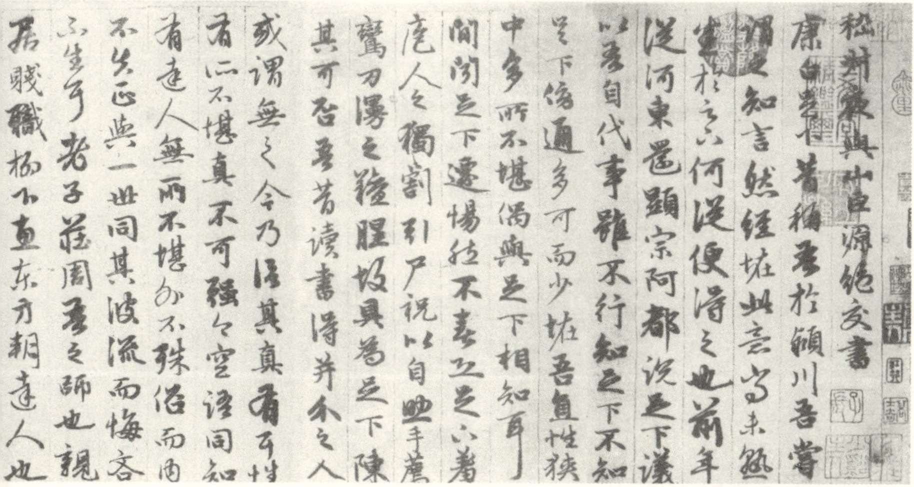

赵孟頫《与山巨源绝交书》局部

# 耻

简体字『耻』把『心』改成了『止』，虽没有金文、篆文『耳听心』的好，但不堪入耳也相当传神。耳朵都不好意思听的事，就是羞耻的事。耻感是一种羞愧心，心里有『鬼』，感到不好意思。

# 耻：无耻的人最可怕

## ◎ 没有耻感的人没有底线

耻德是一种对丑行难以接受的德性。传统八德上四德“孝悌忠信”中的信具有兜底的作用，整个人类社会建立在信的底线之上，否则一切都将失序。“礼义廉耻”作为国之四维，耻在其中和信扮演的角色非常类似，亦是一个兜底德性。耻德是人内在对丑行的天然免疫系统。一个人一旦没有了耻感，他做任何丑陋的事，内在都不会有反感和反抗，任何丑行都会变成一种理所当然。想象一下，这样的人会多么可怕，他坑蒙拐骗、无理取闹、随地吐痰、满嘴脏话、乱扔垃圾、闯红灯、停车阻碍交通……做了让人咬牙切齿和羞愧的事，他却毫无愧色。无耻会让一个人关闭掉其本有的自我反省、疗救和改进的能力。这样的人不能自我帮助，别人又不愿帮他，会变得没有希望。

“耻”字，金文写作，篆文为，左边一只耳朵，右边是颗心。耳朵和心是人最灵敏的器官，耳和心放在一起有两层含义：一是耳朵听到批评，内心感到羞愧。二是耳朵聆听心声。心能分辨是非善恶，我们经常说问问自己的良心，其实是要你听听自己的心声。良心认同的可为，良心不认同的不可为，做良心不认同的事便是耻。耻是良心反对而产生的感觉。一个人无耻表示他已听不到良心说话了。无耻的人之所以可怕，是因为良心昧了，什么事都干得出来。

孟子曰：“人不可以无耻。无耻之耻，无耻矣。”人不可以没有耻感，没有耻感的无耻，是真正的无耻。一群人排队，有人插队，排队的人指出来，他很不好意思，自觉去排队了，这种人有耻感，不是真的无耻。另一种人，你说他，他非但不觉得自己不对，还觉得你有毛病，对无耻的事理直气壮才是真正的无耻。

人们经常说，现在的人没底线。底线是由耻感维系的，人没有了耻感，内在便没有了底线，外在便无所不为。自己无耻已很可怕，劝人无耻就更可怕。社会中出现的腐败正常论、学生不作弊不公平的观点虽有现实背景，但都是在宣扬“无耻精神”。任何背离道德、混淆和颠倒是非的观点，都是在麻木人的良心，教人无耻。无耻的人才会认为做无耻的事是正当的，所以教人无耻的人一定是无耻之徒。

简化字“耻”把“心”改成了“止”，虽没有金文篆文“耳听心”好,但“不堪入耳”的涵义也相当传神。耳朵都不好意思听的事，就是羞耻的事。耻感是一种羞愧心，心里有“鬼”，感到不好意思。

耻感与人心的纯净度和敏感度有关。内心浑浊麻木的人缺乏耻感。佛教禅宗中有首著名的偈子，神秀禅师所作：“身是菩提树，心如明镜台，时时勤拂拭，莫使惹尘埃”。人心是一面镜子，能照出别人的美丑，也能照出自己的美丑，言语行为、起心动念都能照得清清楚楚。人要保持心灵的纯净，需要时时勤拂拭，莫使惹尘埃。尘埃是什么？尘埃就是那些不道德的事，昧良心的事，苟且的事，麻木的事，这些事做多了，心灵会层层蒙尘，人心照不出美丑好坏，而变得没有耻感。

孟子说："恻隐之心，人皆有之；羞恶之心，人皆有之；恭敬之心，人皆有之；是非之心，人皆有之。恻隐之心，仁也；羞恶之心，义也；恭敬之心，礼也；是非之心，智也。仁义礼智，非由外铄我也，我固有之也，弗思耳矣。故曰：'求则得之，舍则失之。'"仁义礼智四德都发源于人心，不是外来的，而是我们本身固有的，但这四德求之才能得，不求会失去。人心天天都在蒙尘，如果不净化心灵，德性会离我们远去，耻感也会离我们远去。一个时刻检视反省自己的人，才能随时保持鲜活的耻德，知耻不为，知耻改过。

## ◎ 行己有耻

学者李泽厚在总结东西方文化的差异时曾说，西方人是罪感文化，来源于基督教传统，每个人都带着原罪，人的一生就是要赎罪，所以西方人的内在某种意义上是悲观的，甚至是绝望的；中国文化是乐感文化，学而时习乐，有朋自远方来也乐，人生是快乐的，处处都是新生，处处都是希望；日本文化是耻感文化，人对自己的不当行为深感耻辱，有很重的道德自责倾向，所以有剖腹谢罪等极端行为。其实，日本的耻感文化的一些精髓来源于中国文化，只是中国文化奉行中庸之道，不走极端，显得更为圆融。

耻感是一种道德自责的力量，这种力量用好了，可以约束人的不良行为，也可以帮助人提升道德修养。用不好会变成沉重的自责，压抑人的正向阳光的能量。像读书人很容易清高,清高中其实包含着对一些事的耻感。比如，过去读书人羞于谈钱，不愿与商人为伍。这种端着的耻感并非是好的，君子爱财取之有道，守法的商人也值得尊敬。针对人和事的耻感本身都缺乏正当性，耻感主要针对的是道德层面，尤其是自己的道德，对自己不道德的行为感到羞耻才是真正的耻德。

所以，耻感是一种道德敏感，甚至是“道德洁癖”，它相当于道德的审视器，当我们的道德出现瑕疵时，它立即让你感到不适和羞愧。古人认为，四维之中，耻尤为要，耻最重要。如果没有耻感守护，我们便会对不道德的言行失去免疫力。人不孝不悌不忠不信不礼不义，乃至不廉，都可以说源于无耻。官员贪污源于无耻，商人无良源于无耻，学生作弊源于无耻，学者抄袭源于无耻，如果没有羞耻之心，世间一切美好的事物和价值都将被无耻践踏。“耻”是守住这些美好事物和价值的德性底线。

人不能没有耻德，人一旦无耻，丧失了道德敏感，道德对他的感召力和约束力就会消失，那时任何德性都无法在他身上生根发芽。

人“知耻而后勇”，耻不仅有防守的一面，亦有前攻的一面，它固守底线，同时又能给人以向上的力量。

孔子说，一个士要“行己有耻”，做什么事都用耻感审视自己，不齿的行为不要去做。明末清初大儒黄宗羲也说：“士而不先言耻，则为无本之人。”君子务本，本立而道生。一个人能够随时用耻德检视自己，不做无耻之事，便能在人世行的光明磊落，称得上是有本之人。

这个世界上，人行不义之事，有些是因为无耻，有些是因为无知。很多无耻来源于无知。所以对无耻要一分为二看。一类是无知的无耻，不知道不对而去做，因为没有意识而心里没有愧疚。比如一些人乱扔垃圾，是因为他还没有乱扔垃圾让人不堪的认知；山区的人第一次进城闯红灯，是因为他还不知道红灯的意义。这类“无耻”不是真的无耻，而且可以通过教育帮助解决。真正的无耻是知道违背道德还去做的无耻。这种无耻的内在是极度自私和良心败坏。普通人的无耻影响有限，社会精英阶层的败坏所造成的无耻才是人类社会最大的无耻，因为精英阶层深知自己的所作所为意味着什么，明知败坏而为，是最典型的无耻。败坏的精英阶层经常以无耻所得而得意，他们却不知道，他们的无耻来自于更大的无知——道德败坏对他们的伤害远远超过他们的无耻所得。

# 后记

传统八德是中国道德文化这棵大树的核心分支，是中国文化的精髓，同时也是一个人立人处世的必需。中国文化是注重向内的文化，人的内心包含着天地宇宙万千种种，是一切的原因也是一切的答案。所以，在外求不能得到结果时，中国人会选择“反求诸己”“反躬自省”。这种向内向自己的倾向延伸出了中国人对己严格对人宽容的自律文化。“躬自厚薄责于人”，“与人不求备，检身若不及”，中国人的古老经典反复告诉后人，道德大棒只能指向自己，而不能强制他人。就像天道从不强迫，他只是耐心地等待，等待我们的觉悟和跟随。

德性修养本质上是个体性的，与他人无关。谁也不能强迫我们修养德性，谁也不能强迫我们不修养德性。因此，我们也不能要求别人或大众达到怎样的道德水准，但可以要求自己达到。当自己达到时，作为大众的一员，大众的德性也就提升了。历史和现实反复提醒着人们，大众的道德觉醒需要很长的过程，但个体的道德觉醒随时都可能发生，而每一次发生都是人间一道光明的升起。